ワンランク上をめざす保育者のために

まるごと参観日

親子遊びと参加保育を100倍楽しむ本

立花愛子
佐々木伸
岩藤しおい
作田忠一

いかだ社

目次

第1章 親と子どもの造形遊び

立花愛子・佐々木伸

はじめに　3

●PART1

ポリ袋で遊ぼう………6

ゴム風船で遊ぼう………8

ペットボトルで遊ぼう………10

ポリ袋の空気砲で遊ぼう………12

クルクル回して遊ぼう………14

紙コップで遊ぼう………16

●PART2

段ボール箱・空き箱の基地づくり………18

新聞紙で遊ぼう………20

並べて遊ぼう………22

リズム合奏………24

●PART3

ビッグアート………26

竹で音遊び………28

ゴム風船の張り子づくり………30

●PART4

子どもの遊び・大人の遊び………32

第2章 親子で楽しむ 自然遊びと環境づくり

岩藤しおい

はじめに　36

●自然を取り入れた環境づくり

園にようこそ!　園内探検マップを貼る………37

園庭の草花を飾る………38

収穫した野菜を飾る………40

お散歩マップ………42

●自然とふれあうゲーム

園庭探検クイズ………44

夜のお散歩オリエンテーリング　夏………46

●親子で楽しむ　自然遊び

つくって遊ぶ　春夏秋冬　葉っぱで遊ぼう………48

葉っぱで虫をつくろう………50

葉っぱで飛行機を飛ばそう………52

葉っぱしゅりけん遊び………54

つくって遊ぶ　秋　どんぐりで遊ぼう………56

すぐ遊べる　春・夏　草花で遊ぼう………58

すぐ遊べる　夏・秋　草花で遊ぼう………60

つくって飾る　春夏秋冬　自然物でつくろう………62

●園で収穫した野菜でクッキング

つくって食べる　親子でクッキング………64

第3章 親と子どものスキンシップ遊び

作田忠一

はじめに　66

●さあ!　はじめましょう

手遊び　グー・パー遊び………67

準備体操………68

●スキンシップを楽しもう

はらっぱを通って/ぴょんぴょん人形………69

2人は仲よし/とんでくぐって………70

飛行機………71

すべり台/コアラちゃん競争………72

のぼってくるり/ひっくり返り逆立ち………73

スキンシップ遊び………74

おおなみ・こなみ………75

ダンス・ダンス・ダンス………76

トゥ・グル・マックヮ………77

●みんなで元気に遊ぼう

新聞飛び越し/新聞くぐりぬけ………78

ハードル競争/新聞ボール合戦………79

風きり競争親子リレー………80

雪が降る………81

お父さんは力持ち………82

靴とりゲーム………83

テープ踏み………84

風船割り………85

足を踏まないで………86

ベルトコンベア………87

ボール送り競争………88

両足ボール運び………89

じしゃく………90

たくさん運び競争………91

子増やしリレー………92

魚すくい………93

ヘビのしっぽをつかまえろ………94

●ごきげんよう!　また会いましょう………95

第1章
親と子どもの造形遊び

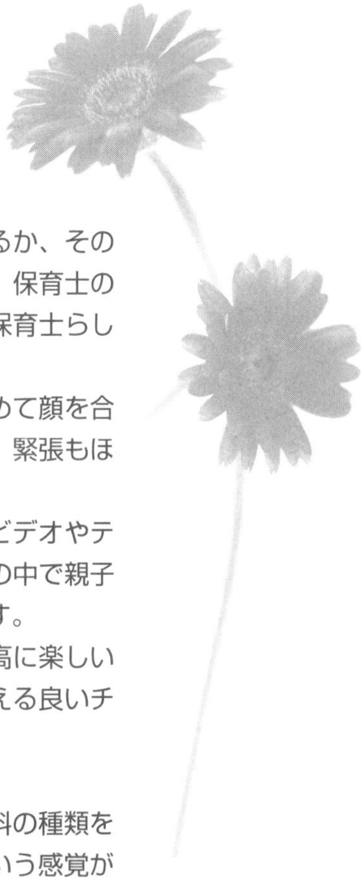

はじめに

子どもたちが日頃どのように造形制作をしているか、その様子を参観することは親として興味がありますが、保育士の方は、一方的に観察されているようで、いつもの保育士らしくなれず緊張感でいっぱいになってしまいます。

親子一緒につくって遊べるような内容なら、初めて顔を合わす親同士のコミュニケーションも自然にうまれ、緊張もほぐれて楽しい一時になると思います。

手の掛かる乳児から幼児に成長すると、1人でビデオやテレビを見たりテレビゲームをすることが増え、家の中で親子が向き合って遊ぶ時間は意外と少なくなるものです。

親子で一緒に遊ぶことは、何歳の子どもでも最高に楽しいことで大切なことです。このことを理解してもらえる良いチャンスが参観日の造形遊びです。

この本に紹介した参観日向けの造形遊びは、材料の種類を少なくして準備が簡単で、つくり方は「失敗」という感覚がない、各々の違いが活きるシンプルなものです。いくつかのステップに分けて、造形遊びに使える時間に合わせて選べます。年齢によってつくれる時間などからも選んでください。

大人は、ふだん絵をかいたりすることから離れていると、人前で絵をかくことはとても恥ずかしかったりします。絵をかかなくてもつくって遊べるものばかりです。

立花愛子・佐々木 伸

PART1では、親子で協力してつくって遊ぶ内容を紹介します。

大勢の子どもに保育士1人の情況ではできないようなことを大人が手伝います。ふだん家庭では見られない大人の技に、子どもたちは、お父さん、お母さんってスゴイ！　と感じてくれるでしょう。

つくり方や遊び方の簡単なレシピを用意すれば、家庭での親子遊びでも繰り返し遊べます。

PART2では、クラス全体で共同作業に発展しながら、大人同士のコミュニケーションを盛り上げます。

1人ひとりがつくる物はシンプルでも、たくさん集まると大きな作品や遊びに発展します。

初めて出会った大人同士はうち解けるのが難しいですが、同じ作業を協力し合うことで会話のきっかけが自然に生まれます。

PART3では、ふだんの造形活動へ大人に協力してもらいます。

参観日の時間内には仕上がらなくても、その後、子どもの作品として完成したり、行事のときに活用されているのを見ることで、子どもたちの造形活動や園の行事への興味関心を高める効果になります。

PART4では、子どもたちの遊びや流行を知り、大人も子ども時代の遊びを思い出して楽しめる内容です。

大人同士も子ども時代の話で盛り上がります。育った地域が違うと遊びも微妙に違うことなどを知るのも楽しいものです。

毎日の園生活で、子どもたちが制作や遊びのスキルを磨いていることにも驚かされます。

PART 1
ポリ袋で遊ぼう

ポリ袋に空気を入れて遊ぶことはとても簡単で楽しいのですが、口をきっちり結ぶことは子どもにはできません。大人の手が必要な部分があると、ふだんの活動ではとても先生1人ではできません。参観日ならではの遊びです。

用意する物

ポリ袋は厚めの物が丈夫で遊びやすいです。
　厚さ 0.03mm と表示がある物。
　大きさ35×45cmくらい。
はさみ　セロハンテープ　輪ゴム…4個ぐらい
ビニールテープ…子どもの人数分

step1

●ポリ袋に空気を入れて口をきっちり結びます。
　結び目の部分を15cm位とります。口の縁をきれいにそろえて結ばないと空気漏れの原因になります。

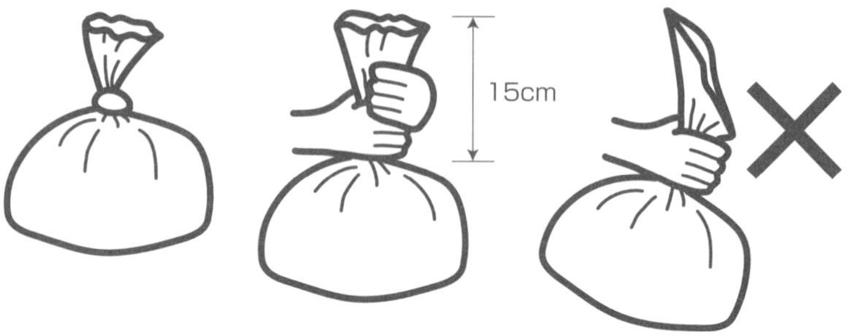

★ポンポンと手でついて遊びましょう。親子で向き合ってやっても良いでしょう。

step2

●ポリ袋をもっとパンパンにします。
　底の角を折り上げて、セロハンテープでとめます。袋が小さくなった分、パンパンに張りが出ます。

★ステップ1の弾み方と比べてみましょう。手でついたとき高く弾みませんか？

step3

●ポリ袋をもっとボールのようにします。

結び目の余りを切り落とす。角の出っ張りなどをなくすように、ビニールテープを巻きます。場所を変えて3周くらい巻くと、しっかりした重みもあるボールができます。

★手でバレーボールのようにするだけではなく、床についてもちゃんと跳ね返ります。まりつきのようにしても遊べます。

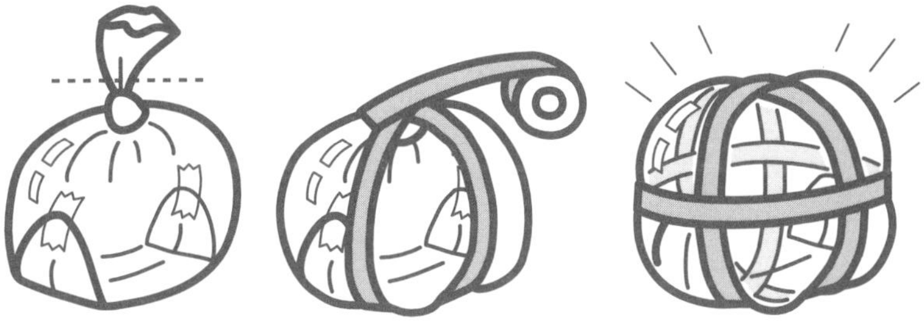

step4

●【輪ゴムをつけると大変身】

輪ゴムを2本つないでボールに貼り付けます。

★バンバンとダイナミックなヨーヨーになります。下向きだけではなく、上、横といろいろな向きに打てます。
反対側にも輪ゴムをつけて、2人で向き合ってヨーヨー打ちをしたり、お友だちのボールとビニールテープでつないで大きくしてもできます。

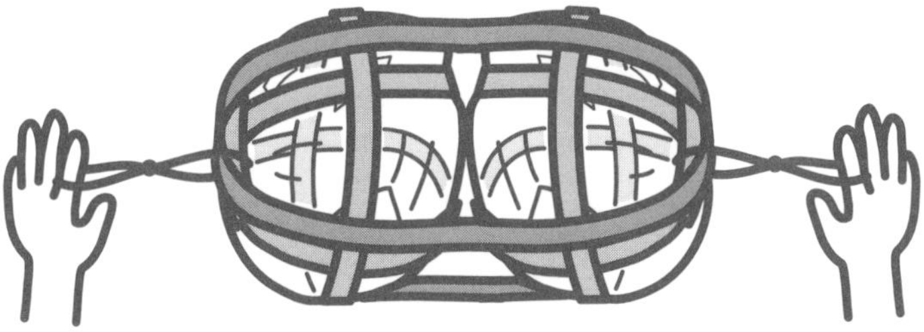

PART 1

ゴム風船で遊ぼう

ゴム風船は子どもたちの人気者です。カラフルなので保育室がとても活気づきます。口を結んでしまうとそれ以上遊びが広がらないので、口を結ばないで空気を入れたり出したりしながら遊ぶ方法を紹介します。

用意する物

ゴム風船（親子で1つ）は空気入れを使わなくても大人の力で膨らむくらいの物。空気入れもあれば用意します。
曲がるストロー…親子で1本　糸…40cmくらい
はさみ　セロハンテープ　油性マーカー

step1

●ゴム風船に空気を入れ、口をしっかり押さえ、名前を書きます。全員がそろうまで大人が押さえておきます。そろったら子どもに持たせます。

★元気よく「3、2、1、発射！！」で風船を離して飛ばしましょう。あちらこちら飛び回る風船に大騒ぎで一気に緊張が解けます。
自分の風船を拾うと、名前が小さくなっているのも愉快な発見です。

step2

●ゴム風船を膨らまして、口をしっかり押さえ、口のかたい部分をはさみで切り落とします。これを切り落とすと、口では膨らましにくくなります。空気が抜けたら空気入れを使ってください。

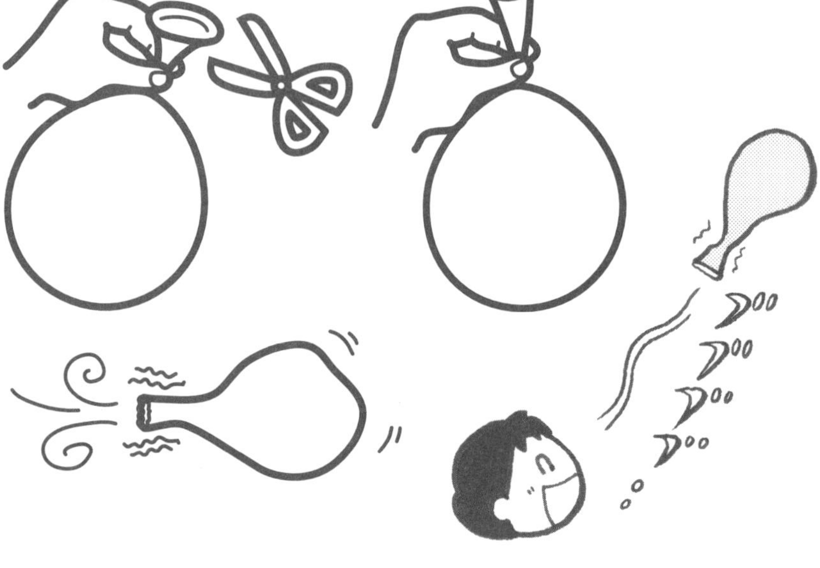

★子どもたちに持たせて、同じように飛ばせましょう。今度は「び～び～」と音を立てて飛びます。堅い部分がなくなって、震えやすくなったからです。

step3

●ストローを短い部分と同じ長さで長い方を切ります。ステップ2のゴム風船に、ストローをセロハンテープで空気漏れの無いようにしっかりつけます。曲がる部分は風船の外にでるようにします。

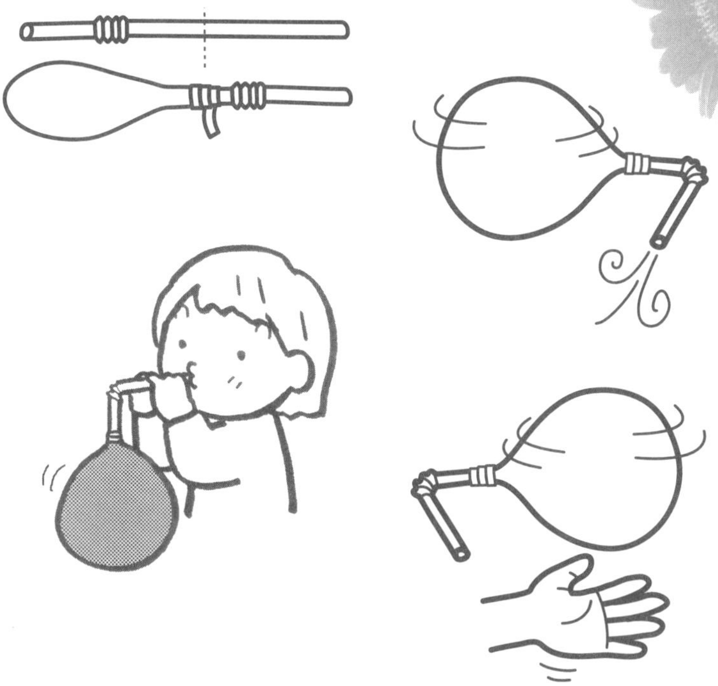

★ストローから空気を入れて、ストローを直角に曲げて手を離します。クルクル回って飛び回ります。ストローの口が横向きになるようにして、手で打つと安定してクルクル回ります。ストローがきちんと直角に曲がっているか、口がどちらを向いているか注意してください。

step4

●糸をつけると大変身！

糸の先にセロハンテープを着けておきます。膨らませたゴム風船をしっかり押さえ、真ん中に糸をつけます。

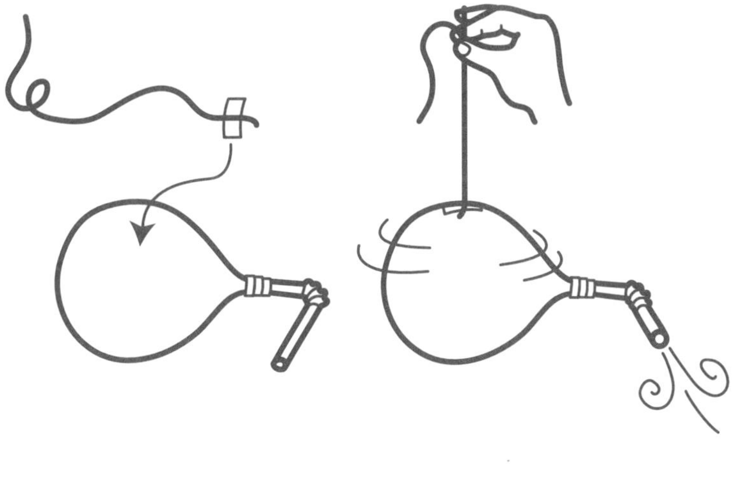

★糸を持って、口を離すと、クルクルその場で回ります。まるで線香花火のようです。小さくなるに従って早く回るのも楽しいです。床と平行に上手く回転しないときは、上から見たときの糸の位置と、ストローの曲がり方を確認してください。

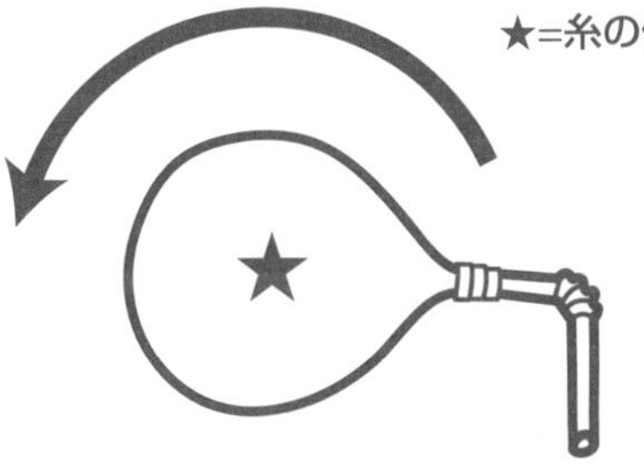

★=糸の位置

PART 1
ペットボトルで遊ぼう

ペットボトルを1本、家庭から持参してもらいます。切ったり塗ったりしませんから、遊んだ後、持ち帰ればまた資源になります。大きさはなんでも良いですが、形は四角っぽい形の方が扱いやすいです。

用意する物

葉書くらいの大きさ（16×13cm）の色画用紙…各2枚）
ティッシュペーパー…クラスに1箱あれば足ります。お花紙があればカラフルできれいです。
はさみ　セロハンテープ　マーカー

step1

●ペットボトルには何が入っているかな？

ポンとたたくと、空気がポッと出ます。子どものほっぺに空気を当ててみましょう。子どもが両手でポンとたたくのが難しいようなら、横に置いて上からたたきます。

★ペットボトルの口の上にティッシュペーパーをのせてポンとたたいてみましょう。ティッシュはフワフワッと飛びます。

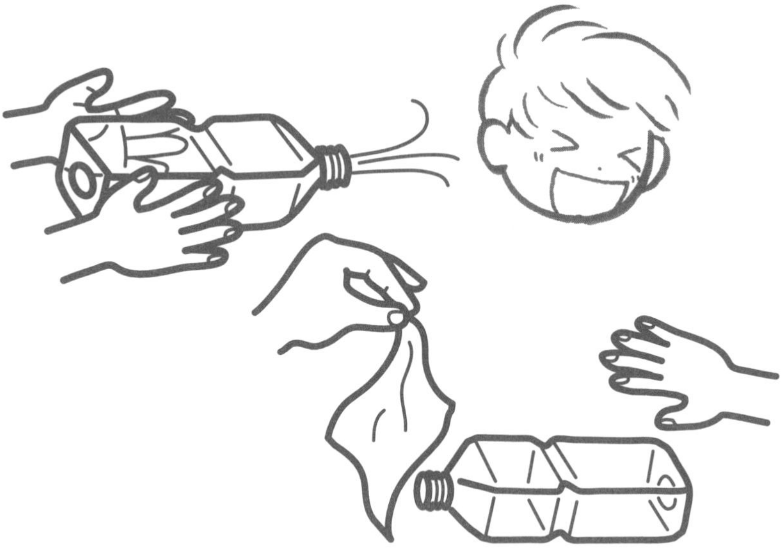

step2

●もっと勢いよく飛ばします。

色画用紙を丸めて筒にして、ペットボトルの口にセロハンテープでとめます。

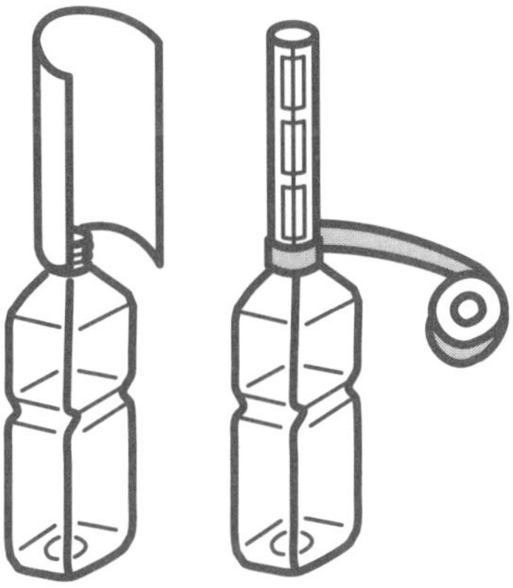

★ティッシュペーパーを1組丸めて筒に入れ、ポンとたたきます。
高く打ちあがったり、筒の出口にちょこっと顔をのぞかせたり……。
何度も打っているとコツをおぼえていきます。大人がペットボトルの口を持ってしっかり支えます。ペットボトルの下の方をたたきましょう。

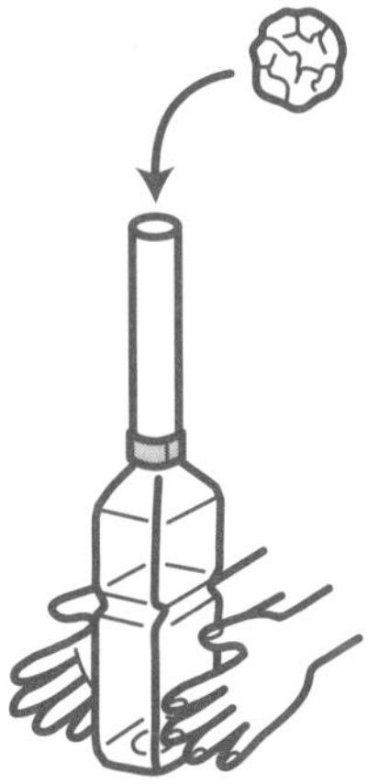

step3

●打ち上げ花火をいっしょに上げましょう。お花紙を1枚ずつ丸めて、3個くらい筒に入れます。花火のように彩りを考えましょう。

★「3、2、1、はいっ！」のかけ声で、いっせいに景気良く打ち上げましょう。

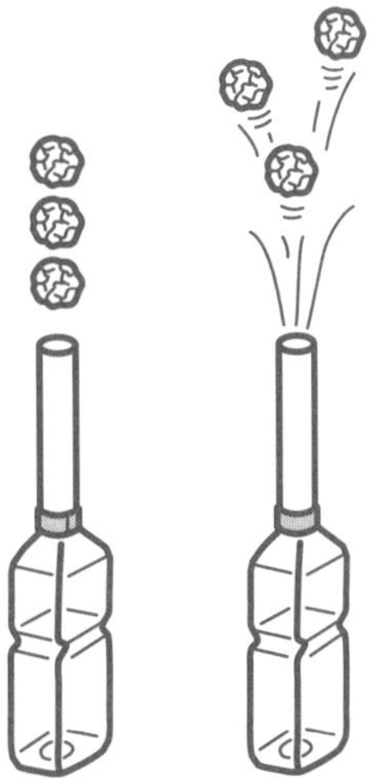

step4

●飛び出す玉で、的当てをしましょう。

色画用紙を折って切りこみを入れ、図のような的にします。グループでやるときは、的が倒れたときに見える裏側に点数を書くと、楽しいでしょう。

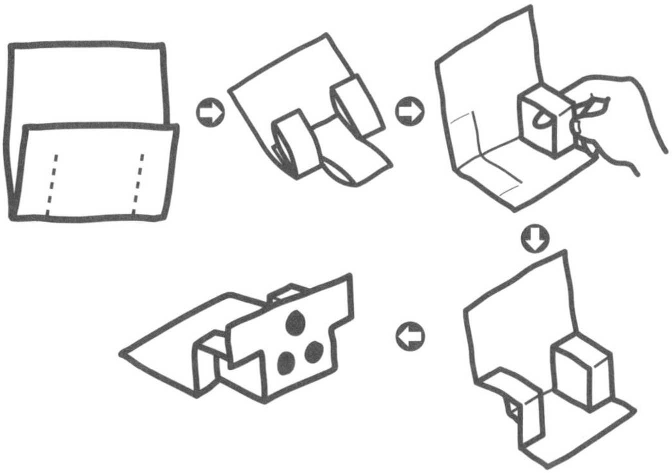

★グループでやるときは、最もよく飛ぶペットボトルを使ってやりましょう。

PART 1

ポリ袋の空気砲で遊ぼう

段ボール箱に穴を開けてつくる空気砲がありますが、それより準備が簡単で小さくたためて持ち帰りにも便利な空気砲です。

　意外と高く飛ぶので、天井の高い部屋か、外で遊ぶと楽しさが増します。

用意する物

ポリ袋は大きさ35×45cmくらい…各1枚
A4くらいの画用紙…1枚
はさみ　セロハンテープ　輪ゴム…1個
封筒…1枚　ゼムクリップ…2、3個

step1

●画用紙を丸めて直径３cmぐらいの紙筒をつくります。

　輪ゴムを二重にしてポリ袋の口を通します。輪ゴムでとまるように紙筒を入れます。

step2

●ポリ袋に空気を入れます。

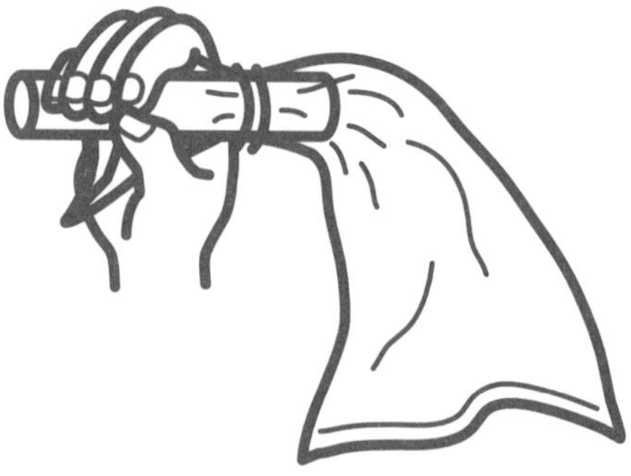

★筒の部分を持って投げてみましょう。空気が入ります。
★筒の少し上から「ふっ！」と息を強く吹きこむと、すばやく入ります。勢いよく空気が動くので筒の回りの空気も吸いこまれるからです。筒を口に着けて吹きこむより早く入ります。

step3

●【封筒を飛ばしてみよう】
　封筒を半分ぐらいに切ります。底の角を折り曲げてテープでとめます。

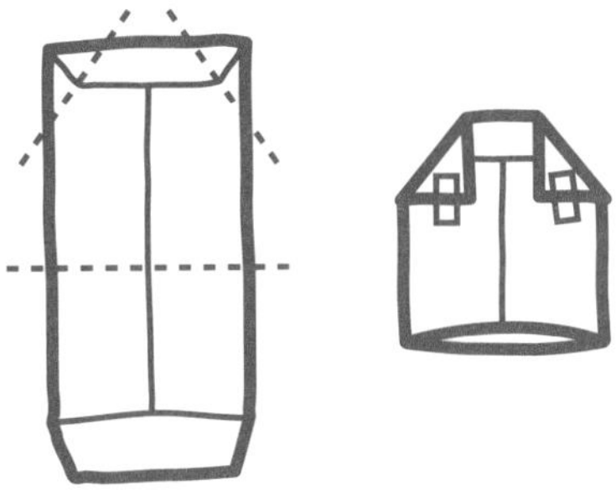

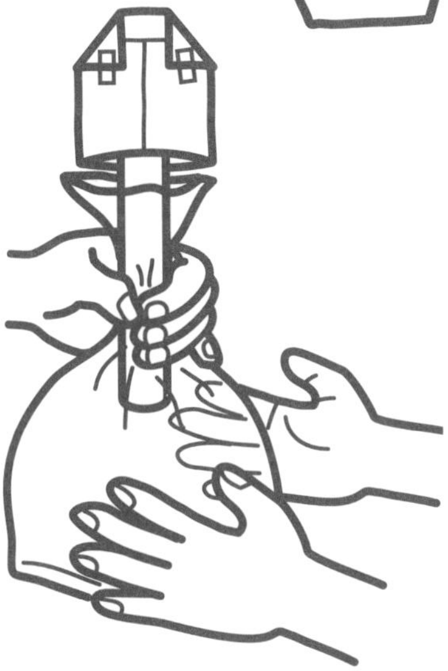

★空気を入れて、筒に封筒をさしてポリ袋をたたきます。ポリ袋を持つ人とたたく人は、交代でやりましょう。
★封筒はどんなふうに飛ぶかな？　落ち葉のようにヒラヒラと飛びます。

step4

●【気持ちよく滑空する封筒に変身】
　封筒の先にゼムクリップを2個くらいつけます。

★ステップ3の飛び方とどのように変わったでしょう？
★ゼムクリップを増やしたり、切り落とした封筒で羽をつくったり、工夫をしてください。

PART 1
クルクル回して遊ぼう

風車づくりは、糸を使ったり穴を開けたり、子どもたちだけでは難しい作業です。大人の手がたくさんあるときにぜひやりましょう。

用意する物

A4くらいの色画用紙…各1枚　紙皿…1枚
はさみ　セロハンテープ　ゼムクリップ…2、3個

step1

●色画用紙を幅3cmぐらいの帯状に切ります。
　半分に折って斜めに羽を折り、下は2回折ってテープでとめます。

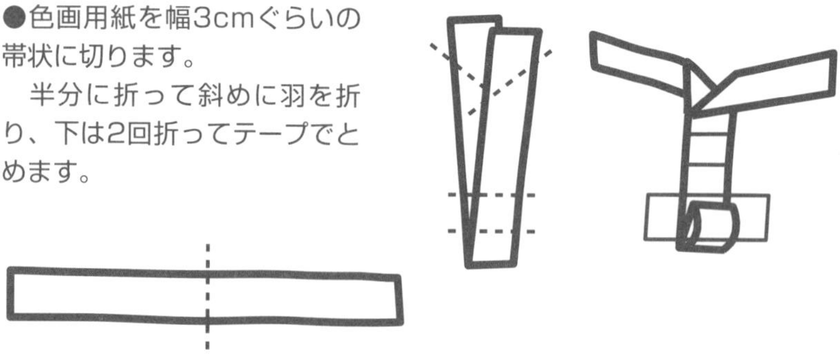

★投げてみましょう。クルクル回ります。背が子どもより高い大人に高い位置から落としてもらいましょう。

step2

●色画用紙に図のように切りこみを入れます。紙は大きくても小さくても良いです。紙の端（丸印）を合わせてテープでとめます。底にゼムクリップをさします。

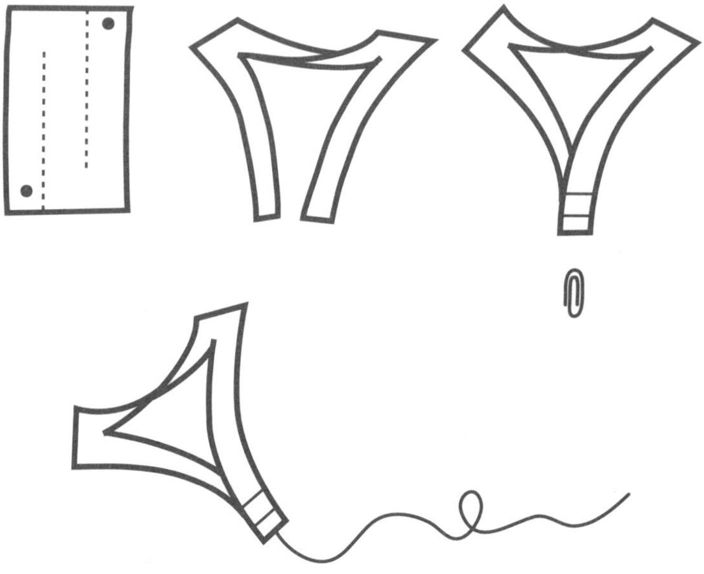

★投げてみましょう。大きくて投げにくければ大人に投げてもらいます。
★**【ゼムクリップをとって糸をテープで貼る】**
糸を持って走るとよく回ります。回る様子が走る人には見えないので交代でやりましょう。

step3

●【たくさん羽のある風車をつくろう】

　紙皿を図のように切って、羽を同じ向きで斜めに折ります。

　紙皿が円錐になるように貼り合わせます。

★指先にのせて吹くと回ります。どの向きから息を吹きかけるとよく回るでしょう。落ちないように走って回せるかな。

★とがったところに糸を張り、つるして息を吹きかけてもよく回ります。風が入るところや、エアコンの空気が出るところなどにつるすと回ります。

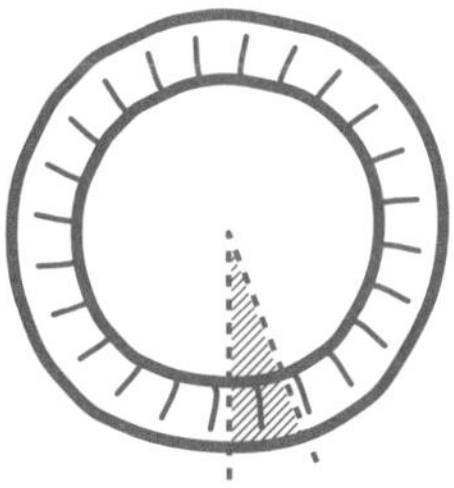

PART 1
紙コップで遊ぼう

ゴムのねじれで走る車づくりです。年長さんやお父さんの参観が多いときに向いています。

用意する物

紙コップ…2個）　割り箸…1本
輪ゴム…1本・ストロー…1本
大きいビーズ…1個　はさみ　セロハンテープ

step1

●紙コップの底にはあらかじめ穴を開けておこう。

穴に輪ゴムを通し、底の方の輪ゴムにはビーズと割り箸を通します。

紙コップの中から輪ゴムを引っ張ってストローを通します。

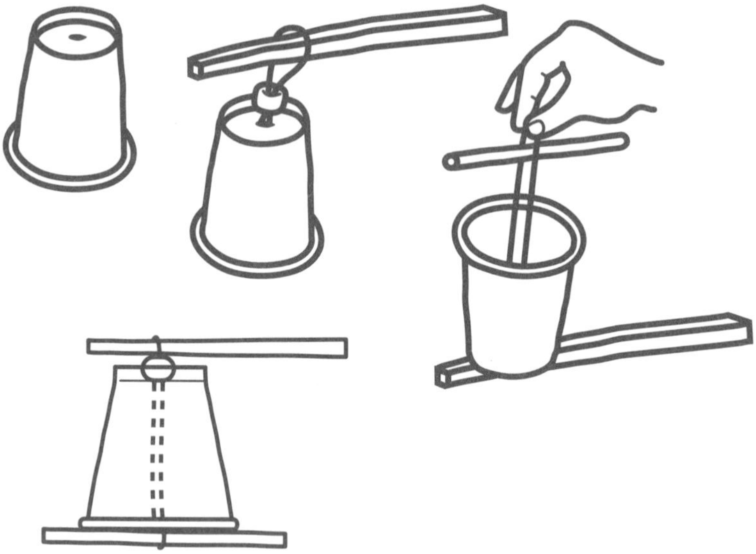

★紙コップを持って割り箸を回して輪ゴムにねじれをつくります。割り箸を持って紙コップから手を離すと、クルクルよく回ります。紙コップに模様をかくと回ったときにきれいです。

★輪ゴムにねじれをつくったあと、床におくと、動き回る様が愉快です。

step2

●紙コップの縁に合わせてストローを折ってテープで貼る。

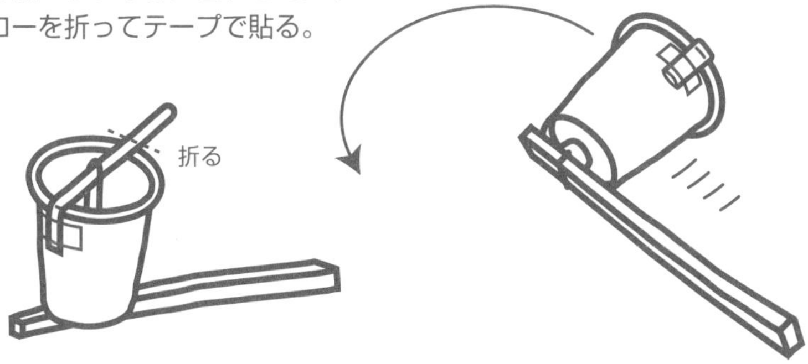

★輪ゴムにねじれをつくって床におくと、今度は走り始めて円をかきます。紙コップの底と口の輪の大きさが違うからです。
★椅子をおいてトンネルにして、うまくくぐれるようにおいてみましょう。

step3

●【まっすぐ走る車に改良!】
　別の紙コップの底の方から3分の1くらいを切り取ります。
　2cmくらいの切りこみを入れます。
　割り箸の方から差しこみ、ゴムを引っ張りながら車の紙コップにはめます。

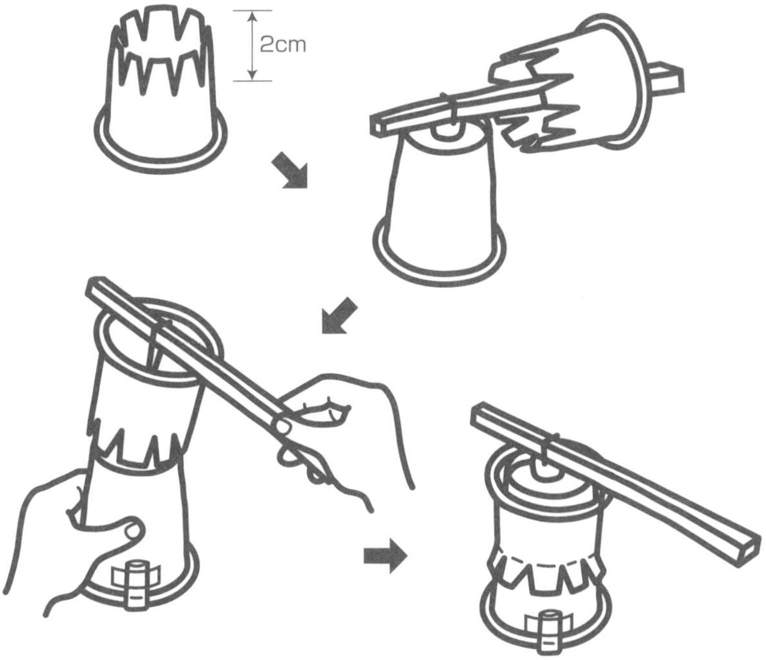

★はめた紙コップの縁が割り箸に当たらないようにきちんと入れたら、輪ゴムにねじれをつくって床においてみよう。まっすぐに走るかな。
★床にビニールテープで道をかいて、レースをしたり、トンネルをつくったりして遊びます。

PART 2
段ボール箱・空き箱の基地づくり

段ボール箱はそのままでも出たり入ったりトンネルにしてみたり、子どもたちは次々遊び方を考えます。段ボールを切るには、カッターナイフを使うので危険です。大人に手伝ってもらいながら思いっきり遊びましょう。

用意する物

段ボール箱　縄跳びの縄　カッターナイフ
ガムテープ　段ボール箱…たくさん使うときは、親に1個でも持参してもらいましょう。

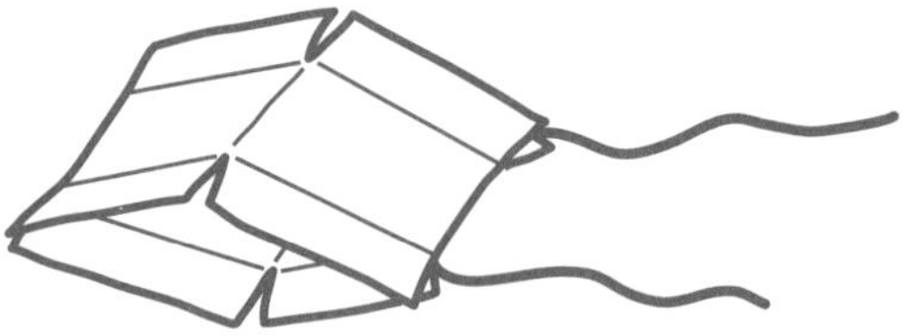

step1

●段ボール箱がクラスで4、5個集まったとき、体が小さい年少さんクラス向けです。

段ボール箱をたたんだ状態で、縄を着けてそりにします。

★**【子どもをのせて、大人が引っ張る】**
グループに分かれて競争をしましょう。力持ちのお父さんには何回も引いてもらいましょう。あまり早く引くと子どもが落ちてしまいますので注意してやります。

step2

●子どもの体が入るくらいの段ボール箱が10個ぐらい集まったら、トンネルづくりをしよう。

段ボール箱のふたや底を上手くつないでいきます。あまりくらいと危険ですから、所々穴を開けましょう。途中に立てるところや出口をつくると動きやすくなります。

★トンネルをくぐり抜けてはまた入るを繰り返す子どもたちを見ているだけで、大人は楽しくなります。大人は修理や改良を手伝いましょう。

step3

●迷路をつくります。子どもの体が隠れなくても、道ができるだけでも遊びが広がります。段ボールを開いて倒れないように床に貼っていきます。子どもたちと相談しながら大人は並べるのを手伝います。

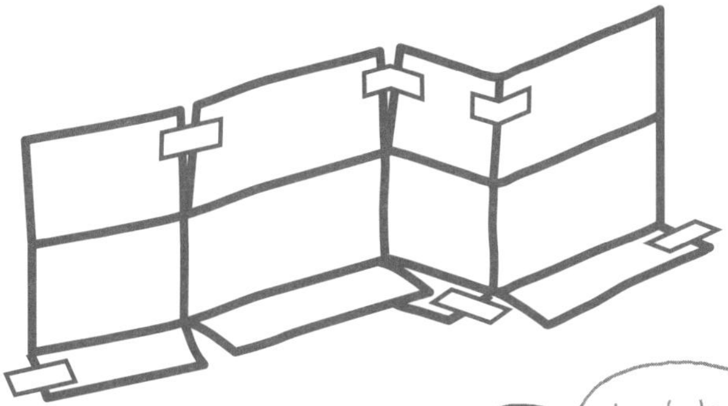

★2つのチームに別れて迷路の入り口と出口から入って、出会ったらじゃんけんをして進むゲームをしたり、ステップ2のトンネルと合体しても良いでしょう。迷路なら体の大きな大人も通れます。ゲームにも参加しましょう。

ちゃんと もっててね
ここは 行きどまりに しよう

step4

●家のような形をつくり、それを基地に見立て、迷路やトンネルとつなぎましょう。グループごとに1つ、家形をつくります。

★子どもの思うままに、他の空き箱などを段ボールに貼って、基地らしくつくります。

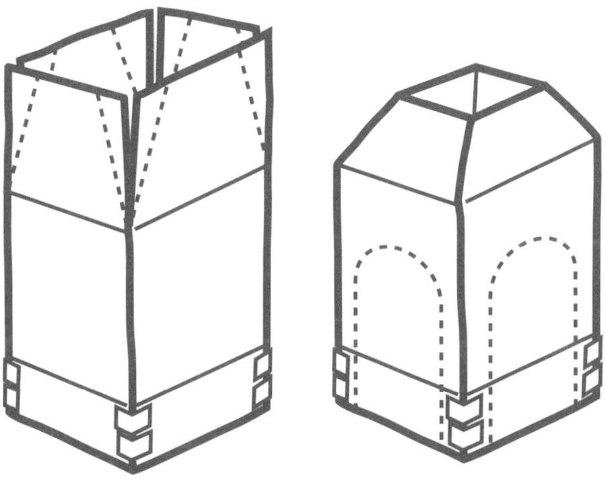

やっほー

PART 2
新聞紙で遊ぼう

1人1本新聞紙の棒をつくれば、隣の人の棒と合わせていくだけで、ボールがつくれます。単純な作業の繰り返しを1人でやると飽きますが、人と協力することで自然に会話もでき、遊びも仲間になりやすいです。

用意する物

新聞紙…1枚　セロハンテープ

step1

●新聞紙を1ページ分に手で切り、斜めに丸めて細い棒をつくります。丸めたらセロハンテープでとめます。

★子どもたちは、広告紙を同じように丸めて棒をつくって遊ぶことがありますので、棒ができるとさっそく振り回したりします。

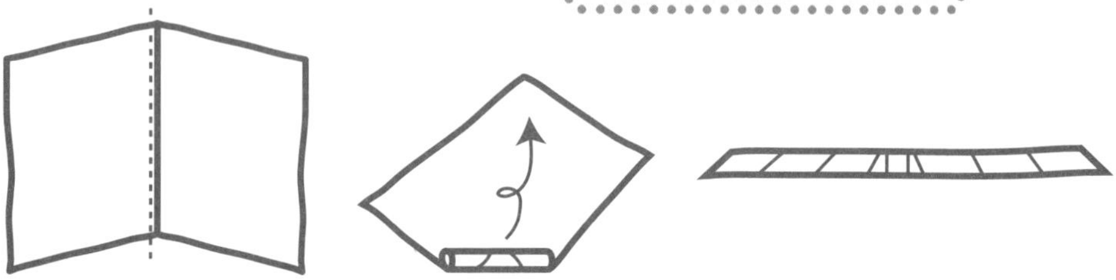

step2

●親子でつくった2本の棒を中心で重ね十字形にテープでとめます。
　隣の親子の十字形と重ねてテープでとめます。

★8本の先が出た形が、思わず投げてみたくなるような気分になります。

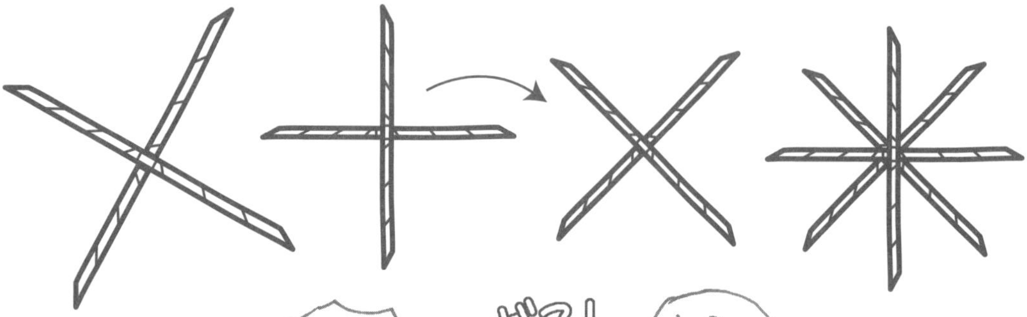

step3

●また隣のグループの物と合わせます。

8本の先を半分くらいで折ります。折ったところを合わせてテープでとめます。球体になるように引っ張って形を整えます。

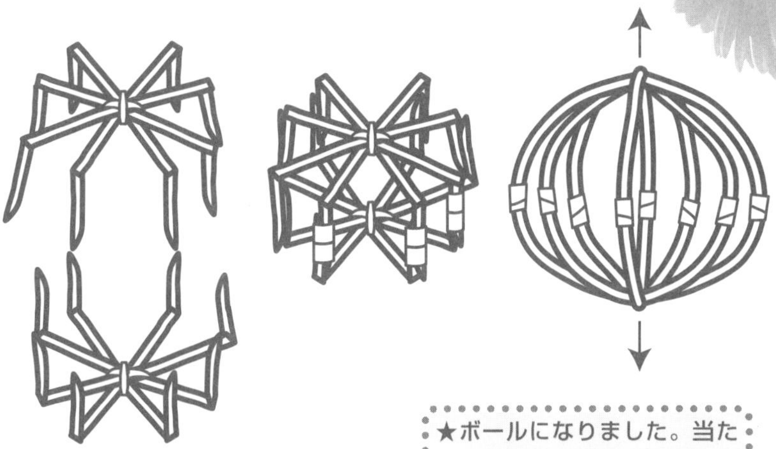

★ボールになりました。当たっても痛くない、つかみやすいボールです。1つのボールをつくった人同士で投げて遊びましょう。
キャッチの仕方は、手でつかまなくても棒のすき間に手を通すようにしたり、足に刺す器用な人も出てきます。

step4

●新聞紙1枚をたたんでちぎり、大きな穴を開けます。ボールの的です。

★親子で的をはさみ、穴をくぐるように投げてキャッチする簡単なゲームをしましょう。

PART 2
並べて遊ぼう

各家庭からふた付きのペットボトルを集めましょう。大きさや形はどれでも使えます。牛乳パックも集めます。注ぎ口がある物なら大きさはどれでも良いです。同じ形のせんたくばさみを２個、そのまま使って終われば返せますから、これも各家庭で協力していただきましょう。

用意する物

幅３cmくらい、長さ８cmくらいの厚紙…ペットボトルの数と同じ枚数　ホチキス　両面テープ　セロハンテープ　割り箸　せんたくばさみ

step1

●ペットボトルを逆さまに立て、倒れる向きを一方向にするため、ペットボトルのふたを厚紙に両面テープで貼る。

牛乳パックは注ぎ口をホチキスで閉じて、せんたくばさみをはさんで立つようにします。

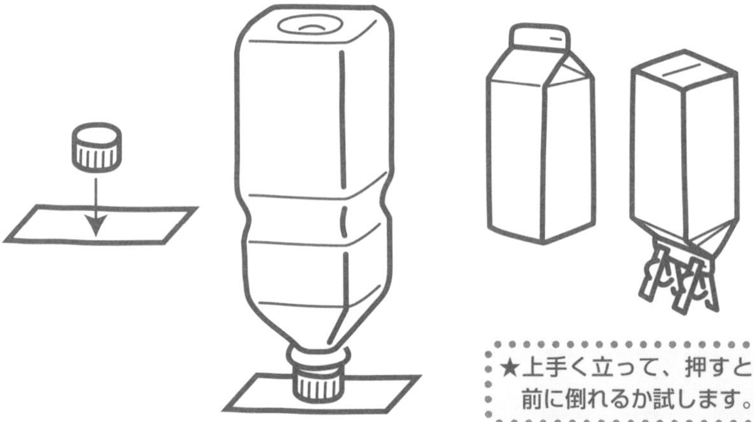

★上手く立って、押すと前に倒れるか試します。

step2

●グループに分かれて、グループごとに並べてドミノ倒しになるか試します。一個が２列を同時に倒すための分岐点が必要ならつくります。ペットボトルや牛乳パックの大きい物を使って、上の方に割り箸をテープで貼ります。

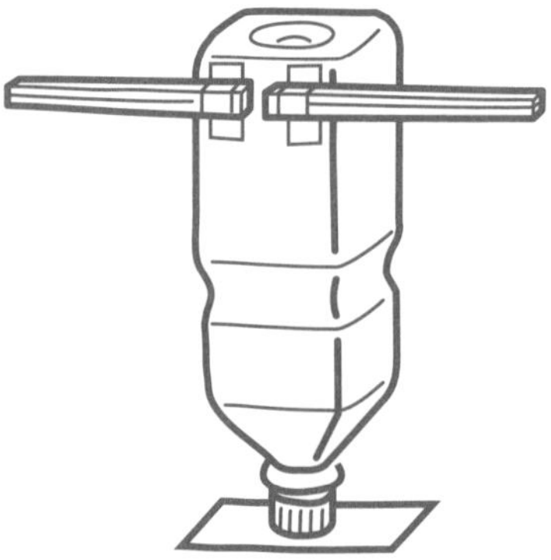

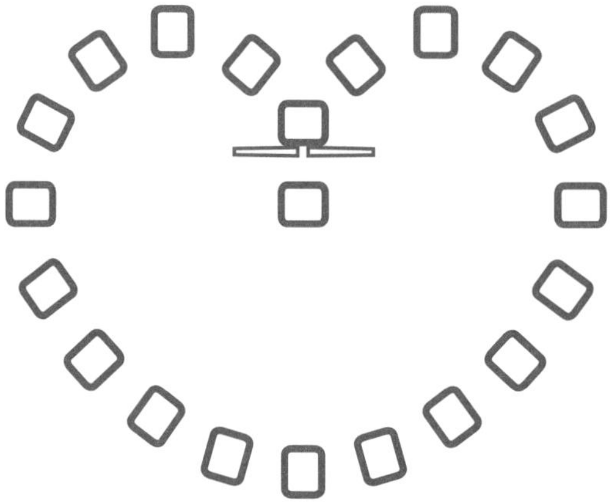

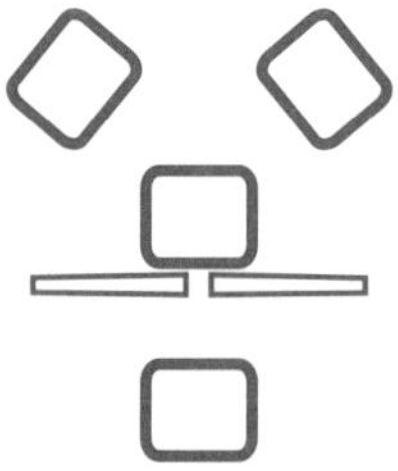

★中心から倒れていき、２列に別れてハート形をかくような並べ方を練習してみましょう。

step3

●いろいろな並べ方、倒れ方を練習したら、クラス全体でつながる大きなドミノ倒しに仕上げましょう。倒すときには、全員でカウントダウン！

★きれいに倒れていくと気持ちの良いものです。

step4

●途中に段差や、仕掛けを入れていくのも楽しいかもしれません。机や椅子・積み木などで階段のような段差をつけてみましょう。

PART 2

リズム合奏

人の体は声、口笛、手拍子、足踏みなど楽器がなくても充分にメロディやリズムを奏でられます。初めて出会った人の前で声を出したり、体を動かすのはちょっと恥ずかしいものです。簡単なリズム楽器をつくって子どもちの合唱を盛り上げましょう。

用意する物

ペットボトルやスチール缶…各家庭から集めます。割り箸　ビニールテープ
A4くらいの色画用紙…1枚　ゼムクリップ

step1

●割り箸の先にビニールテープを巻き、ばちをつくります。

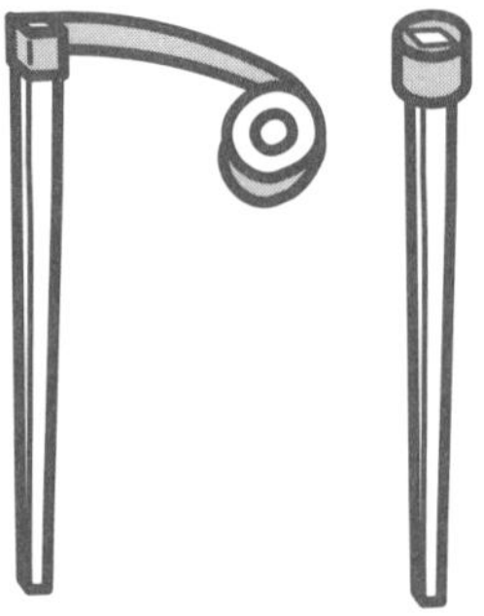

★ばちでスチール缶やペットボトルをたたき、音調べをしましょう。どこをたたくといい音が出るか、ペットボトルやスチール缶の口、側面、底をたたいてみたり、置き方や手の持ち方なども調べましょう。

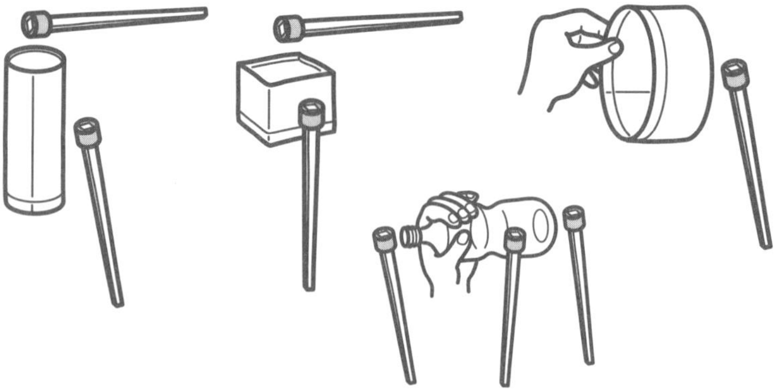

step2

●スチール缶とペットボトルを分けます。さらにそれぞれを大きい音、小さい音、くらいの大まかな分け方をします。

★ペットボトルをたたく音と、スチール缶をたたく音は明らかに違います。その中でも大きさや形の違いで音の大きさ、微妙な音の高低の差があります。

step3

●ちょっと質の違う音をつくりましょう。色画用紙をびょうぶのように折って端をまとめてテープでとめます。これを手などに打ち合わせても音が出ますが、先にゼムクリップをつけると、音が少し変わります。

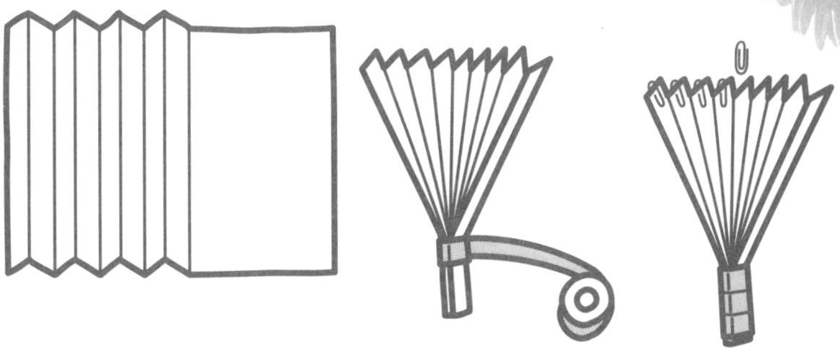

★ゼムクリップをつけた物、つけない物を交互にたたいて、音を比べてみましょう。

step4

●グループに分かれて、ペットボトル、スチール缶、ゼムクリップ付きのはりせんのパートを受け持ちます。

★子どもたちの歌に合わせ、簡単にリズムを打ちましょう。全ていっしょに音を出すと騒音になるので、1、2、1、2なら交互に音を出し、休みのところでゼムクリップのはりせんを使うなど、すぐにできる方法にしましょう。

PART 3
ビッグアート

その日の制作物は、室内の環境づくりや行事に活かされることを、あらかじめ伝えましょう。できるだけ園の活動や行事への興味を持ってもらうことがねらいです。絵の具で汚れてしまうことがあるので、エプロンや作業着を持ってきてもらいましょう。

用意する物

全紙大の色画用紙や模造紙　段ボール
絵の具　筆　霧吹き　新聞紙

step1

●【スタンプの紙づくり】

発泡スチロールで四角や丸、三角のスタンプをつくっておきます。事前の活動で子どもたちが発泡スチロールを手で割って、いろいろな形につくっておくのも良いでしょう。

★グループに分かれ、大きな紙に何人かずつで、どんどんスタンプを押してもらいます。初めは戸惑っていても、子どもたちの大胆なやり方に励まされ、大人たちも積極的になっていくでしょう。
この紙は段ボール箱に貼っておもちゃ箱にしたり、園に父母が来たときに気がつくような物に仕上げましょう。

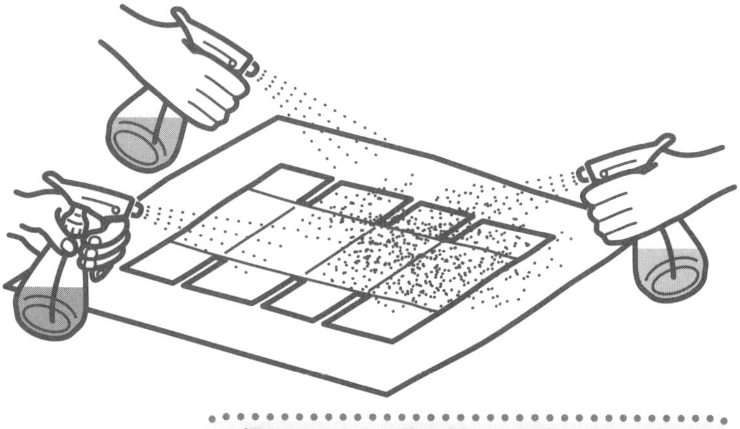

step2

●【霧吹きで色づけ】

段ボール箱を開いて内側の無地の面を使います。絵の具を筆で塗ることは単調で飽きてしまいますので、霧吹きで色をつけます。1つのグループに3色ぐらい絵の具を準備すると、きれいな色になります。色が飛ぶので新聞紙などを敷いて行います。

★慣れていくと、吹き付ける角度や勢いなどでいろいろな点々ができて楽しいです。子どもたちは際限なく吹き付けますので気をつけましょう。
この段ボールは、作品展のディスプレー台や、看板の切り文字などに使うと効果的です。

step3

● 【型置きの霧吹き】

行事の会場の壁面や天井を飾る紙をつくりましょう。テーマに合わせた模様、たとえば宇宙をテーマに作品展をやるなら星や丸形の段ボールを切っておきます。模様をつける紙や絵の具の色も考えましょう。

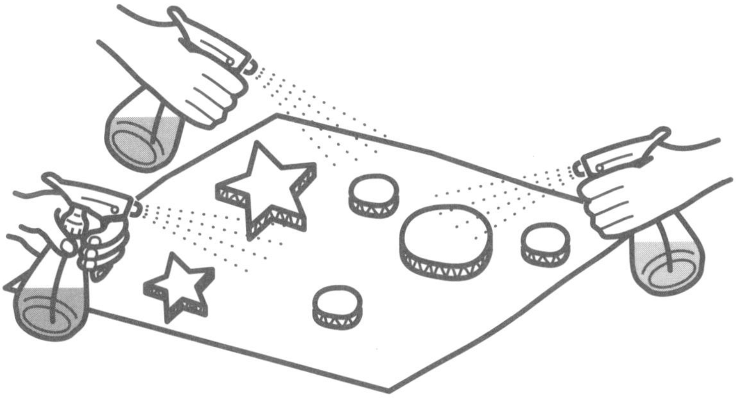

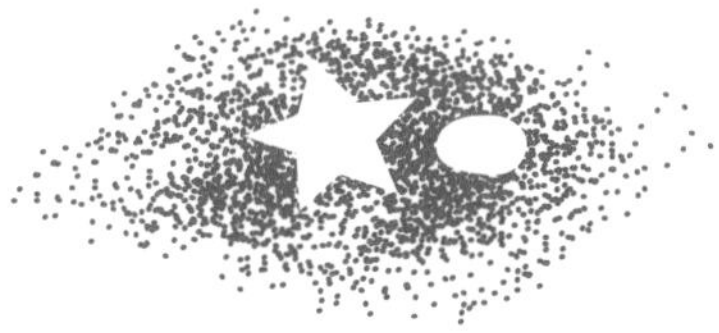

★型をおいた回りは、形をくっきり見せるために点々の密度を多くしましょう。

PART 3

竹で音遊び

近所で竹がたくさんとれるところではぜひやりたい遊びです。大人の、特に父親の力技を子どもたちに見せる良いチャンスです。ふだんの活動に使えるようにたくさんつくってもらいましょう。

用意する物

ノコギリ・なた・木槌・キリ…これらの道具は家庭にある物を持参してもらいます。
竹　糸

step1

●竹を切ります。

節を付けて節ごとに切り分けます。子どもたちはしっかり押さえて、お手伝いしましょう。節の部分をとってパイプ状の竹も切ります。

★節付きの竹はコップになります。花を生けたりできます。節無しのパイプは、そのまま並べて木琴のバチでたたくととても良い音がします。

step2

●竹を割ります。

なたのある家庭はだいぶ少なくなりましたが、竹は繊維が縦に通っているため、なたで割るのが良い方法です。ぜひ子どもたちに割る様子を見せたいものです。

パイプに切った竹になたを木槌でたたいて入れていきます。なたと竹が離れなくなったらそのまま竹ごと打ち付けると簡単に割れます。

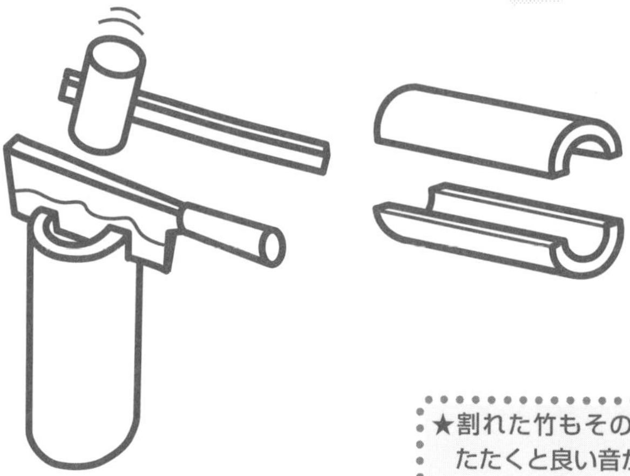

★割れた竹もそのまま並べてたたくと良い音がします。

step3

●竹に穴を開けます。

節の真ん中にきりで穴を開けます。ステップ2で割った竹に穴を2個開けます。

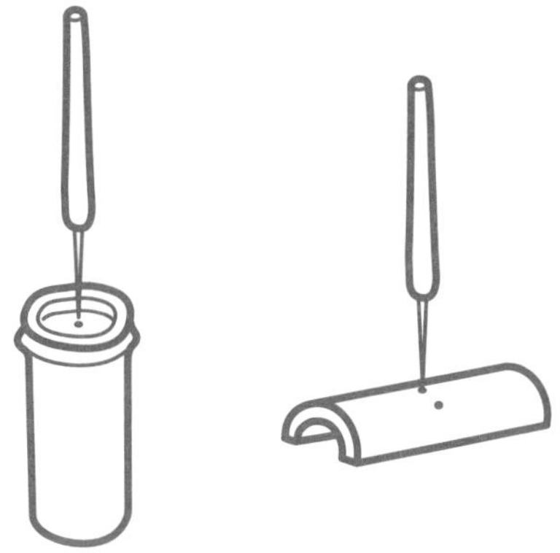

★節の穴に糸を通し、先に短くしたつまようじを結び、糸を抜けなくします。これを何個か棒に吊してバチでたたくととても良い音がします。竹どうしがぶつかり合っても音が出ます。
割った竹の穴にはひもをつけ、指が通せるようにします。両手で 2 枚の竹の背を打ち合わせると、カスタネットになります。竹でつくった楽器を、発表会などの合奏に使いましょう。

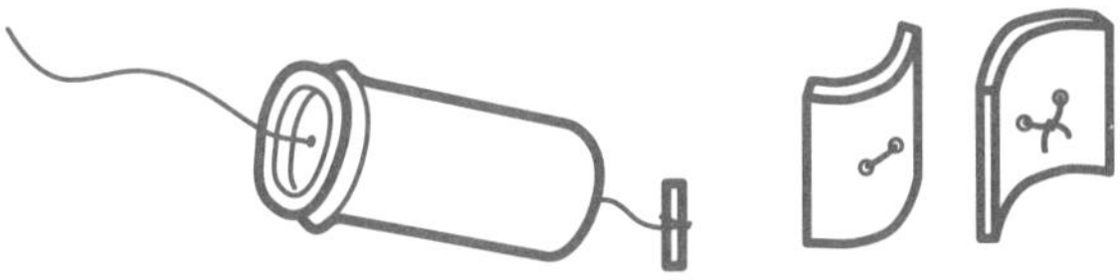

PART 3

ゴム風船の張り子づくり

張り子は仕上がると独特の風合いがあり、軽いのでお面や、いくつもつなげて大きな作品にもできるため魅力的な造形です。手順がいくつかあるし、根気のいる作業ですから、親子一緒におしゃべりをしながらやると楽しくなります。

用意する物

色模造紙や画用紙　おけ　糊　ゴム風船
せんたくばさみ　ひも　ロープ

step1

●紙をちぎります。

張り子に使う紙は和紙などの薄くて丈夫な紙を使いますが、薄いと丸まったり重なったりして、子どもたちには貼りにくい物です。少し厚くても、水気を含めば軟らかくなります。

3～4cm四方くらいにちぎります。白の紙ならあとで色づけが楽しいです。

色画用紙などは色別にちぎってもらい、貼るときに模様になるように使います。

★ちぎる段階までの作業で終わらせても良いでしょう。

step2

●ゴム風船の土台の準備。

ゴム風船を膨らませて口を結び、糸をつけます。これは子どもにはできません。

さらに張り子を乾かす場所をつくっておくと作業がスムーズです。

せんたくばさみにひもを着け、つるす棒やロープに着けましょう。隣の風船に着かないように高さを変えたり間隔を考えます。

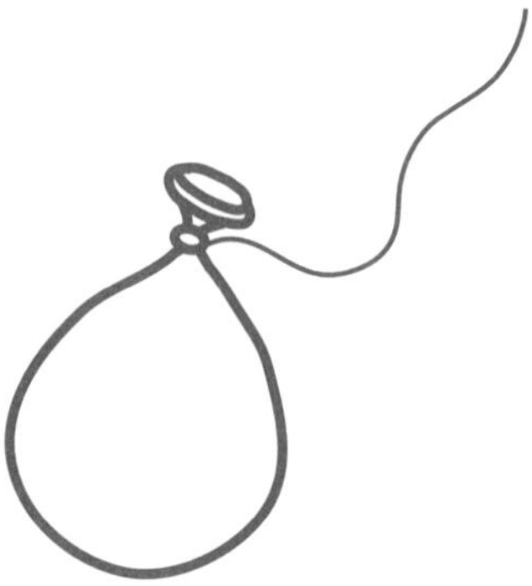

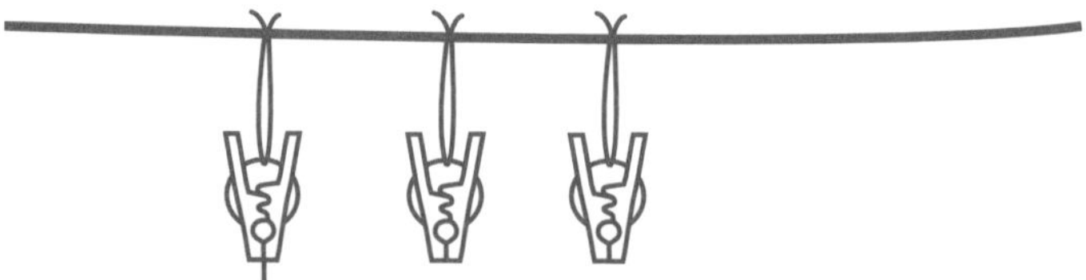

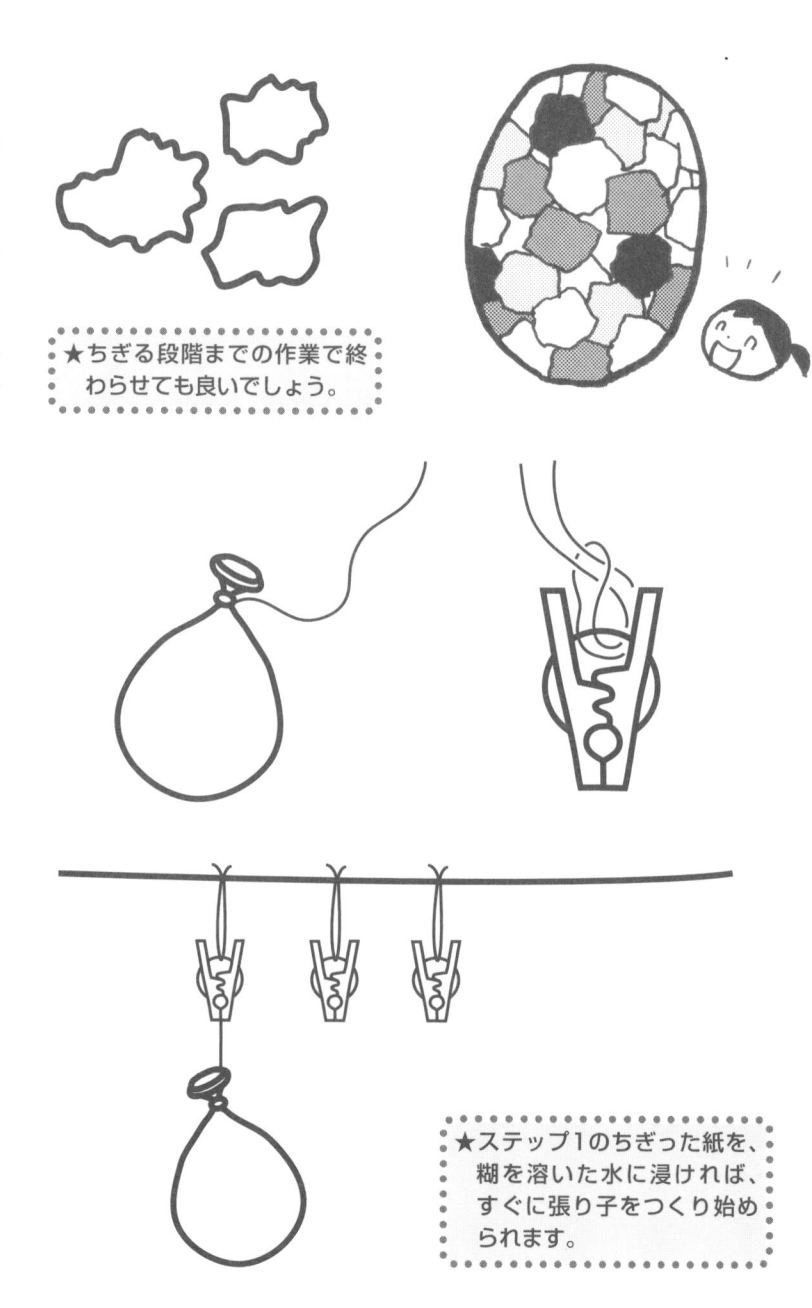

★ステップ1のちぎった紙を、糊を溶いた水に浸ければ、すぐに張り子をつくり始められます。

step3

●紙を貼っていきます。

糊を溶かした水から紙を出して、少しずつ重なるように貼りましょう。水をたくさん含んだままだと重たくて、ゴム風船からずれてきます。

ゴム風船の表面は意外と広い物です。子ども1人では根気がいります。2枚重ねくらいに貼ればとてもしっかりした張り子に仕上がります。

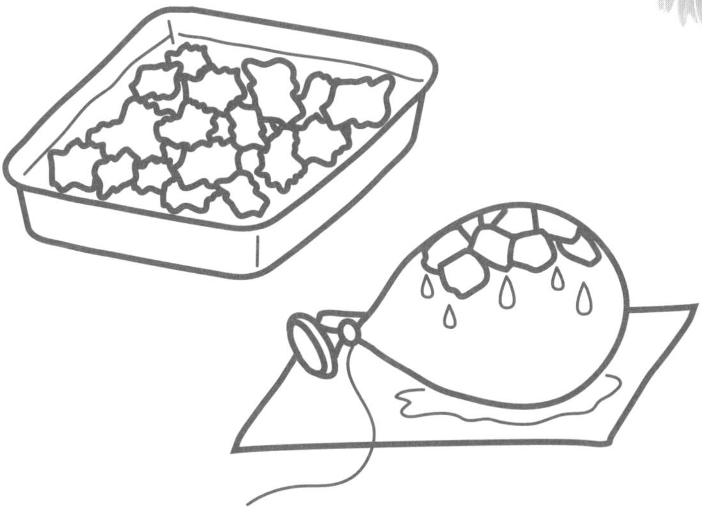

★乾かしたあと、どんな作品に子どもたちが仕上げるか、とても楽しみになることでしょう。

PART 4
子どもの遊び・大人の遊び

誰もが一度はやったことのある遊び、折り紙やこま回しを親子で遊んでみましょう。子ども対大人で、どれだけ折り紙が折れるか、折り紙が好きな子どもは折りがたくさんある複雑なこともできます。折り紙が嫌いな子どもも、大人たちが思い出しながらたどたどしく折る様が楽しいと思います。

用意する物

折り紙　模造紙　広告紙　新聞紙
セロハンテープ　はさみ　紙皿…1枚
ストロー　牛乳パック　ひも

step1

●【折り紙対決】

壁面に模造紙を２枚貼り、子どもの作品を貼る紙と大人用の紙をつくります。「動物」「乗り物」「お花」などのテーマから1つのテーマを決め、思いついた折り紙をどんどん折って貼りだしていきましょう。

友だち同士、大人同士相談しながらつくります。折り紙が苦手でできない子どもは、貼り出す係になりましょう。

★勝負はきっと子どもの勝ちだと思います。たまにはお家で子どもたちと折り紙で遊び、教わりましょう。

●かぶと

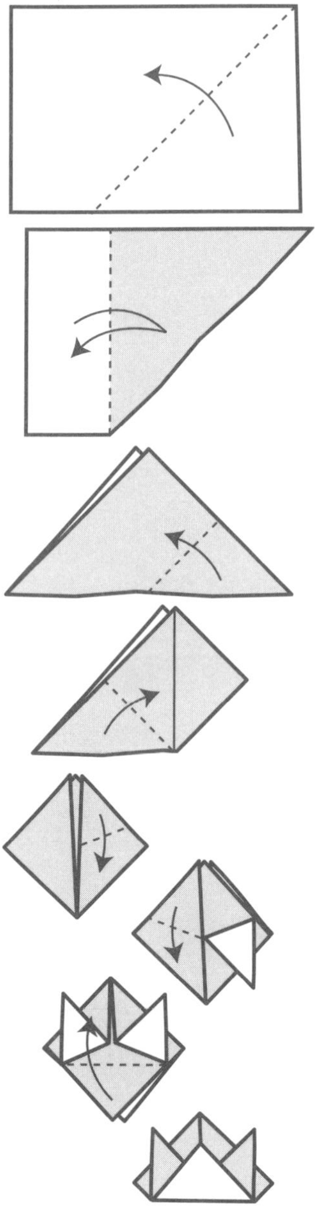

●飛行機

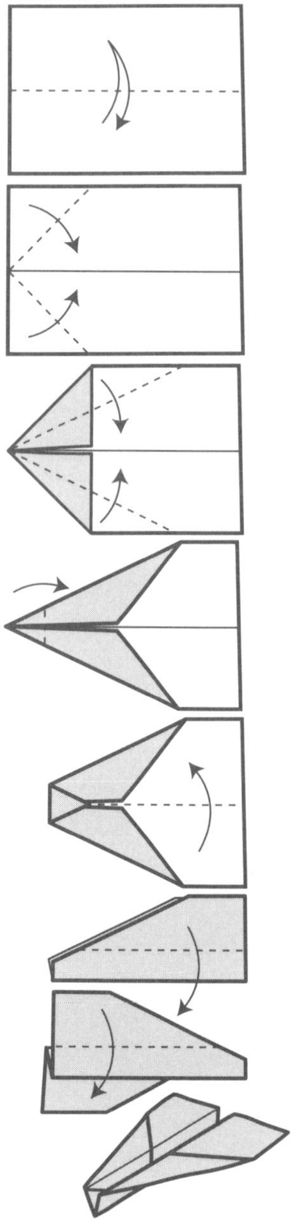

step2

● 【広告紙・新聞紙の折り紙】
かぶと、鉄砲、箱、飛行機などの折り図を渡せば、折り方は少なく簡単ですから、大人が積極的につくりましょう。

★かぶとや箱以外は、鉄砲は鳴らしたり飛行機は飛ばしたり、何度も折って遊びましょう。

●鉄砲

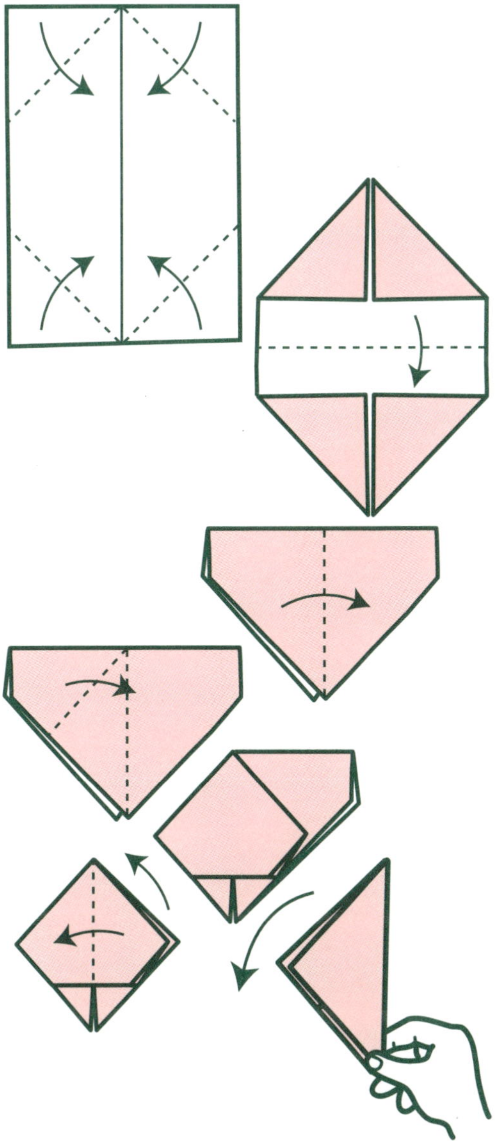

●箱

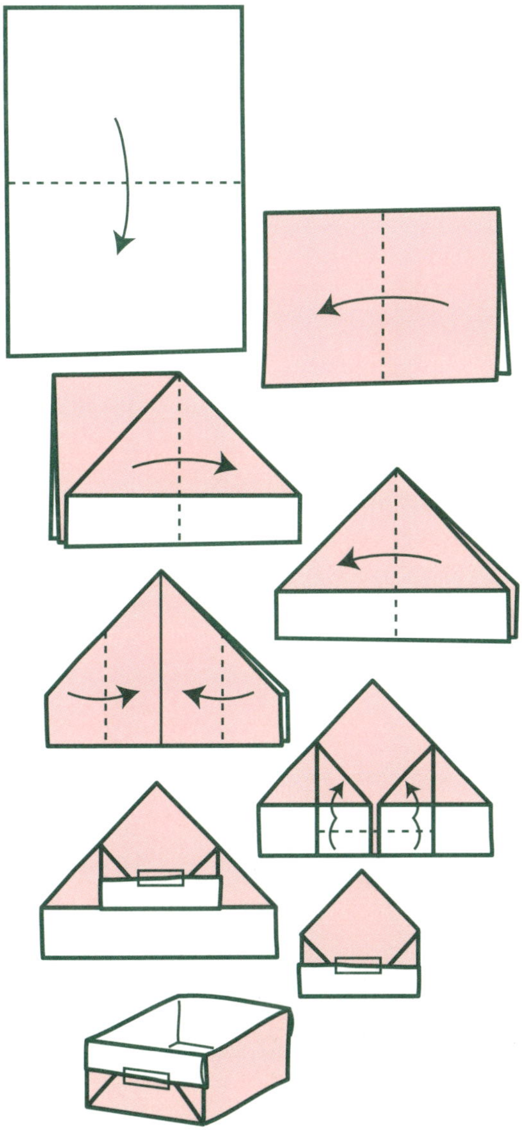

PART 4 子どもの遊び・大人の遊び

step3

●【こま回し】

ひもを巻いてこまを回すことができる子どももいます。子どもたちにこま回しの技を見せてもらいましょう。こま回しができない大人も幼児用のこまだと回せるようになることもあります。

誰でも回せるこまをつくりましょう。紙皿を図のように切って貼り合わせます。ストローの先を切りこんで開いて紙皿の中に貼ります。

ボールや、カプセルにストローを貼り回してみましょう。

★ストローは指でひねることはできないので、両手で摺り合わせて回します。ボールやカプセルにストローを着けて上手く回らないときは、ストローを短く切ってみると回り方が変わります。

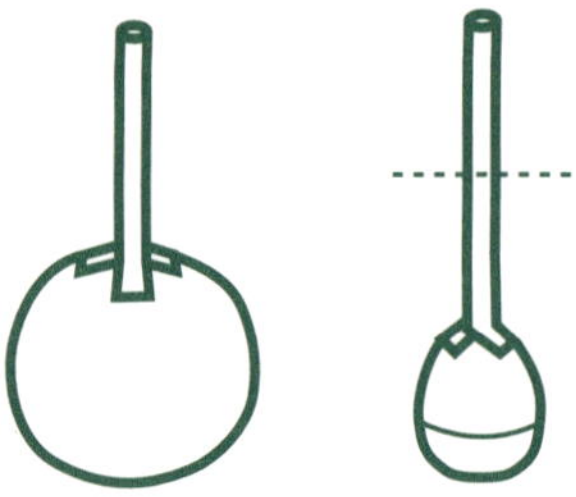

step4

●ブンブンごまをつくりましょう。

これも回せる人回せない人がいます。ぜひ親子で練習しましょう。つくり方は簡単。

牛乳パックを切って、穴を開けてタコ糸を通します。

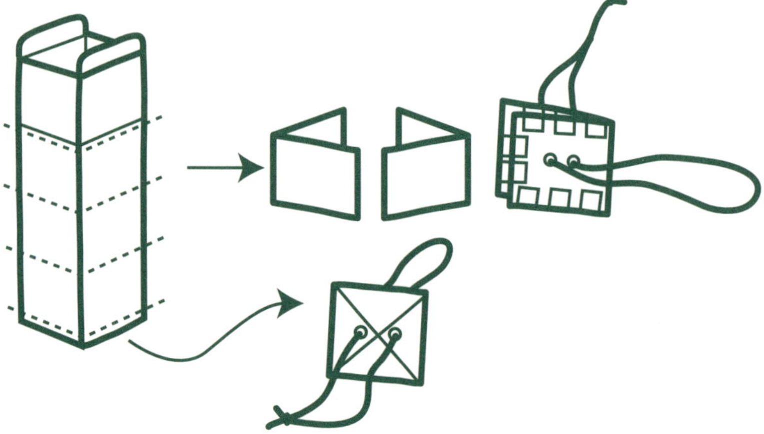

★こま回しは、ブンブンごまも含め、回せるかどうかで興味が変わります。

回せるとより難しい技に挑戦したり、夢中になれる遊びです。親子で挑戦すれば、あきらめていた子どもも回せるようになるかもしれません。

step5

●子どもたちが大好きだったり、流行っているキャラクターや遊びなどを知りましょう。
　男の子と女の子では、はっきり趣向が違うことがあります。あらかじめ子どもたちの好きなキャラクターを、子どもたちがかいておきます。
　子どもは好きな物はよく見ているので、とてもていねいにかきます。

★ちょっとしたなぞなぞのようにして大人に絵を見せて、キャラクターの名前や、何に出ているのかなど当ててもらいます。すぐにわかってしまうようなら、絵を折り畳んで、少しずつ見せるのも良いでしょう。
子どもたちが、今夢中になっている遊び、好きな本、人気のキャラクター、そういう子どもが大切にしていることを、大人はどれくらい知っているでしょうか。
参観日は我が子だけではなく、子どもたちの世界を広く知る良いチャンスです。

第2章

親子で楽しむ
自然遊びと環境づくり

はじめに

園庭や散歩で出会う自然は、たくさんあります。

「見て見て～あったよ」子どもたちは外遊び中もいろいろな物を見つけてきます。拾ってきた葉っぱ、木の実や小枝、小石や砂、ままごと遊びに使う雑草、水やりをする花壇の草花、育てた畑の野菜、虫や鳥など……。自然と触れ合う子どもたちは、遊びを通して、いろいろな発見をしたり、感性を豊かにしたりしています。

保育参観のときにも、身近に手に入る自然物の素材を使い、親子で一緒につくって楽しめる遊びをしてみませんか？

また、保育士の理解が深まるように、園の活動を伝える環境づくりもしてみましょう。

岩藤しおい

自然を取り入れた
環境づくり

園にようこそ！
園内探検マップを貼る

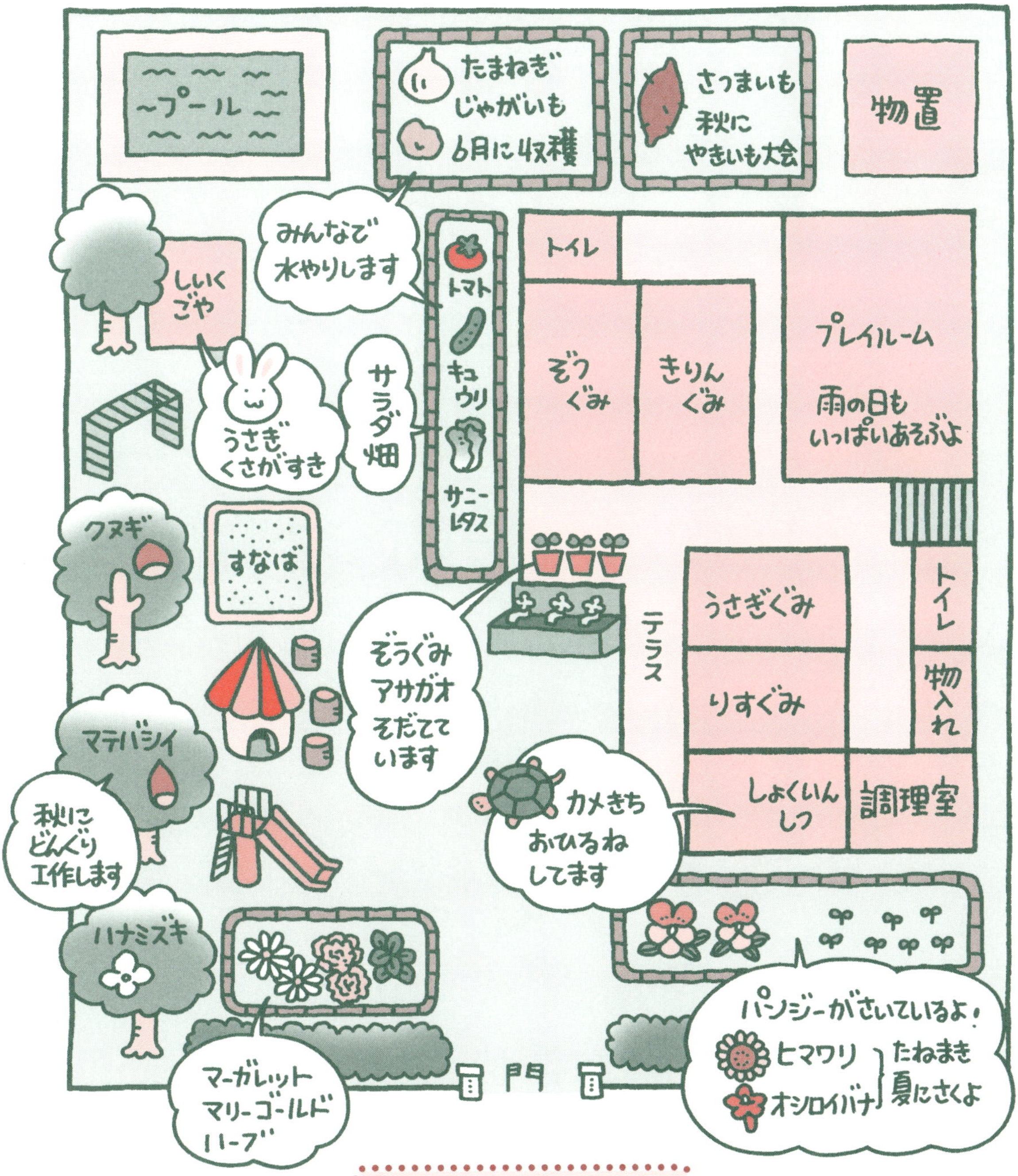
プール
たまねぎ
じゃがいも
6月に収穫
さつまいも
秋に
やきいも大会
物置
みんなで水やりします
しいくごや
トマト
キュウリ
サニーレタス
サラダ畑
うさぎくさがすき
トイレ
ぞうぐみ
きりんぐみ
プレイルーム
雨の日もいっぱいあそぶよ
クヌギ
すなば
テラス
ぞうぐみアサガオそだてています
うさぎぐみ
トイレ
りすぐみ
物入れ
マテバシイ
秋にどんぐり工作します
カメきちおひるねしてます
しょくいんしつ
調理室
ハナミズキ
パンジーがさいているよ！
ヒマワリ
オシロイバナ
たねまき夏にさくよ
門
マーガレット
マリーゴールド
ハーブ

■園内探検マップを入り口に貼ると、園の楽しい雰囲気が伝わります。紙でつくった吹き出しを貼り、説明をそえると、わかりやすくなります。

自然を取り入れた
環境づくり

園にようこそ！

園庭の草花を飾る

保育参観や懇談会で手づくりの花入れを置いて、歓迎ムードを演出しませんか？
出席した保護者同士の会話のきっかけにもなります。

動物花入れ

みんなでつんできました。
園庭にはマーガレットがいっぱい！
メッセージをつけます。

なごやか〜〜！
ほんとね！
かわいい！

■短めの草花や葉っぱをさすだけの簡単アレンジなので、子どもも手伝ってくれます。園庭の花や野原の草花を飾りましょう。

準備

牛乳パック　色画用紙（折り紙）　小枝
ガムテープ　のり　油性ペン　カッター

つくり方

①　牛乳パックをカッターで切る。

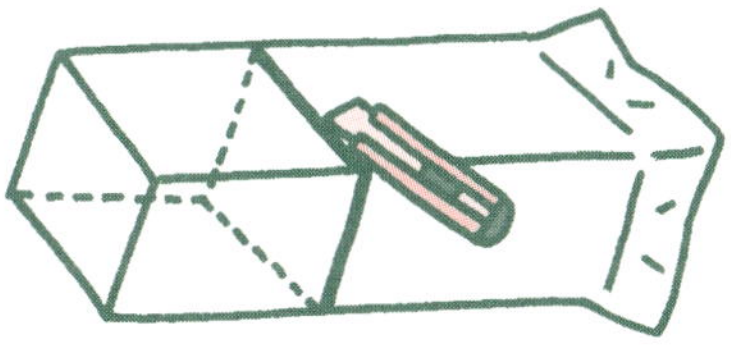

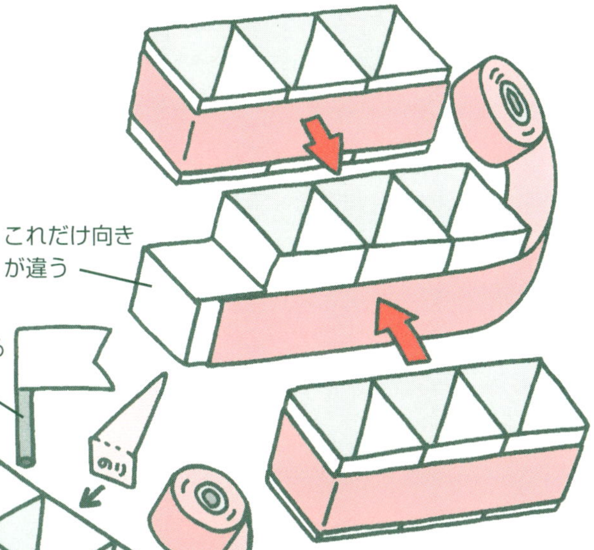

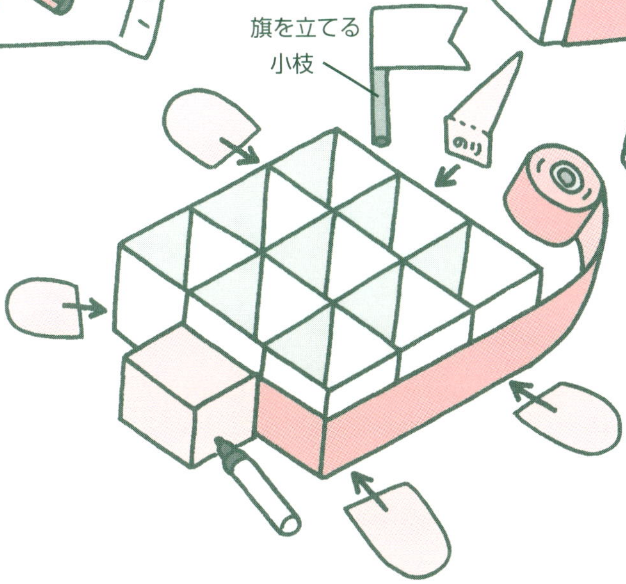

②　切った3つ分、4つ分をガムテープでつなげる。

③　ガムテープでまわりをつなげる。手足・しっぽを貼る。色画用紙をはり、顔をかく。

水を入れて花をさす。

プラス1　牛乳パックでつくるいろいろな動物

3個ずつつなげてから、全体をつなげていきます。
ガムテープでつなげると丈夫にできます。

キリン

ヒヨコ

ゾウ

ニワトリ

自然を取り入れた
環境づくり

園にようこそ!

収穫した野菜を飾る

子どもたちが育てた野菜。収穫の喜びも大きいですね。
収穫日が参観日や懇談会の日に近いときは、エントランスなどに飾りましょう。
かごやザルに入れて置くだけでも素敵です。
「よくできたねー」「おいしそうな野菜!」という声が聞こえてきますよ。

色紙の帽子
こどもたちが
そだてたやさいです

野菜人形

■マグカップにジャガイモや小さめの玉ねぎを重ねてようじでとめます。目鼻は豆や種・色紙などをのりで貼りつけます。野菜のそばに置くと、ゆかいな雰囲気に。

プラス1 畑新聞

子どもたちが育てているようすや収穫野菜を紹介してみませんか？
園芸経験のあまりない保護者にも楽しめるよう、視覚的につくってみましょう。

●掲示板や壁に貼りましょう。

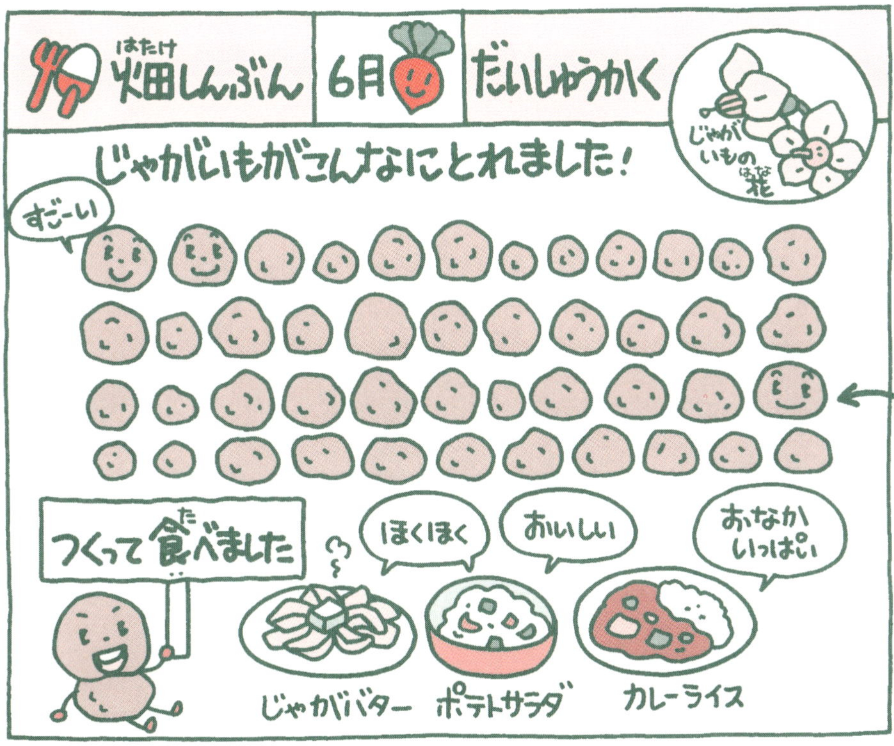

たとえば……
収穫した数の分、色紙を切りぬいて貼ります。

子どもがかいた１個１個のジャガイモの絵を貼ると、もっと楽しくなりますね。

プラス1 子どもたちの野菜の絵

「芽が出たよ」「花が咲いたね」と畑で声かけしてかいた子どもたちの絵。
飾った野菜の近くに貼りましょう。

自然を取り入れた
環境づくり

園にようこそ！
お散歩マップ

日ごろ、「どんなところに散歩しているのかな？」と興味を持っている保護者も多いことでしょう。散歩の途中で出会う季節の変化、子どもたちが楽しみにしていることや、発見したことを書くと、イメージがわいてきます。
子どもたちの言葉を書き入れた吹き出しの紙を後から貼っていくと、つくりやすいでしょう。

プラス1 ●お散歩スナップ写真の壁面飾り

お散歩マップの隣にスナップ写真を貼ると、散歩の楽しい雰囲気が伝わってきます。
色画用紙を形に切りぬきましょう。

カッターで切りこみを入れます。写真の角を切りこみに入れてとめます。

自然と
ふれあうゲーム

園庭探検クイズ

園庭の中に取りつけたクイズパネルを探して、答えカードにシールを貼ります。番号順に園庭をまわっていきます。

こたえは
なあに？
1
せがたかくて
きいろのおおきな
はなはなあに？
あった！

準備

保育者はあらかじめ通し番号をつけたクイズパネルを園庭に取りつけます。答えカード・シールを用意します。

遊び方

① 親子でペアになり、答えカード・シールを持ちます。時間を少しずつずらしてスタートしていきます。

② 通し番号順にクイズパネルを探します。答えカードの中の3つの答えから1つを選んでシールを貼りながら、ゴールに向かいます。

例 クイズパネル

植物や動物、虫、遊具などの名前をクイズにしてみましょう。

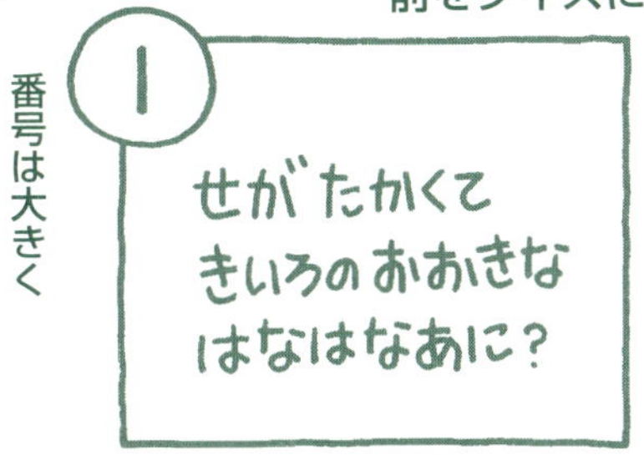
番号は大きく
1
せが たかくて
きいろの おおきな
はなは なあに？

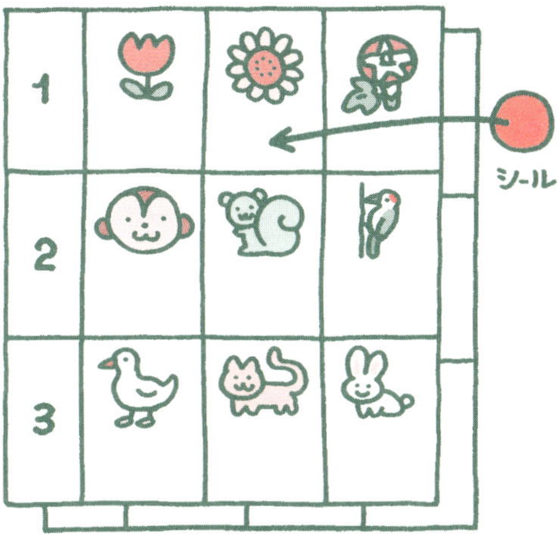
1
2
3
シール

【答えカード】

- 答えは 3 つの絵から選んで、シールを貼ります。
- 子どもの年齢によって答えカードを変えてもいいでしょう。

2
うえから
よんでも、したから
よんでも おなじ
とりは？
え〜と…
わかった？
3
わたしは
だれでしょう

自然とふれあうゲーム

夜のお散歩オリエンテーリング 夏

夏の夕方、親子で園に集合して、近くの公園まで歩きます。途中、ポイント地点でクイズや体力測定などをしながら、ゴールの公園へ。夜の町の灯りなど、昼間の散歩のときとは違う風景を楽しみましょう。

準備

ゴールまでの地図、シール、カードを用意。保育者はポイント地点やゴールに待機し、クイズ・体力測定後にシールを貼ります。安全には充分注意しましょう。

遊び方

① 親子でペアになり、地図、カードを持ちます。時間を少しずつずらしてスタートしていきます。

② チェックポイントでクイズ・体力測定をすると、カードにシールを貼ってもらいます。公園に着いたらゴール。

クイズ・しりとり

チェックポイントでシールを貼る。

体力測定

チェックポイントでシールを貼る。
「10数えるまでおんぶしよう」「おかあさんのあげた手の高さまでジャーンプ！」など、いろいろ楽しく工夫しましょう。

チェックポイント③です！
クイズは…
そ〜と…
がんばれ〜！
チェックポイント④です！
おんぶして
10歩あるいて！
パンダ
ダンプカー
チェックポイント
⑤です。
しりとり
5回つづけて
ください。
①クイズ
②ジャンプ
スタート
オリエンテーリング
③クイズ
ゴール
みどりこうえん
⑤しりとり
④おんぶ
ゴールだ！
わーい！
こうえん
みどり
ゴール
チェック
ポイントで
シールを貼る！

親子で楽しむ
自然遊び

つくって遊ぶ　春夏秋冬

葉っぱで遊ぼう

１枚の葉っぱでいろいろなおもちゃをつくって遊ぶことができます。
園庭に生えている木の葉っぱをいろいろ集めてみましょう。
ツバキ、シラカシ、スダジイ、モチノキ科の葉など、常緑で厚みがあり、しなやかで巻きやすい葉を使いましょう。

ぞうり

つくり方

①　葉を半分に折り、図のように切り、開く。

②　穴をあけ、差しこむとできあがり。

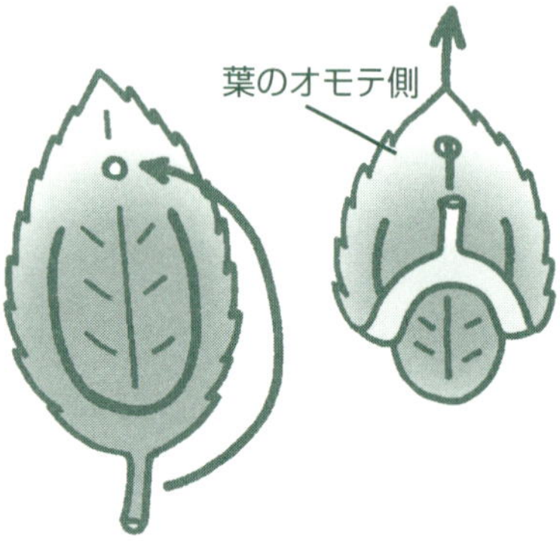
葉のオモテ側

遊び方

指をつけて、パタパタ歩くまねをします。音楽に合わせてタップダンスするのもおもしろいですよ。

カンタン帆かけ舟

水に浮かびます。

葉のウラ側

穴をあけ、
差しこむ。

遊び方

ビニールプールなどに浮かべ、息を吹きかけると水の上を進みます。親子対抗で競争すると、盛り上がりますよ。

指人形

準備

葉っぱ・セロハンテープ
油性ペン（葉に顔をかく）

ウサギ

エノコログサと
葉っぱで

エノコログサを
中にさして、セ
ロハンテープで
とめる。

油性ペンで
顔をかく。

指に葉を巻き、セロハ
ンテープでとめる。

☆季節により、エノコログサのほかに、メヒシバやオヒシバなどの草、小さな花・葉を使うと、いろいろな人形ができます。

ネコ

① 手でさいて、切れ
こみを入れ、折る。

② セロハンテープ
でとめる。葉のオ
モテに油性ペンで
顔をかく。

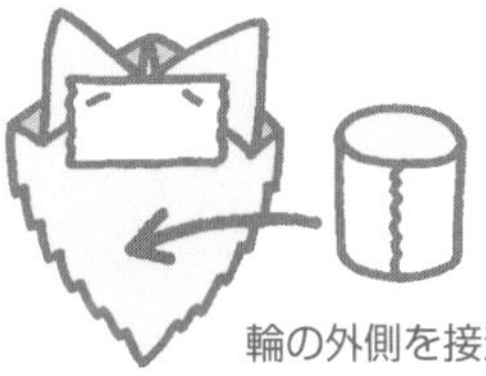

輪の外側を接着面に

③ 輪にしたセロハンテー
プをつける。（指が通る
大きさの輪）

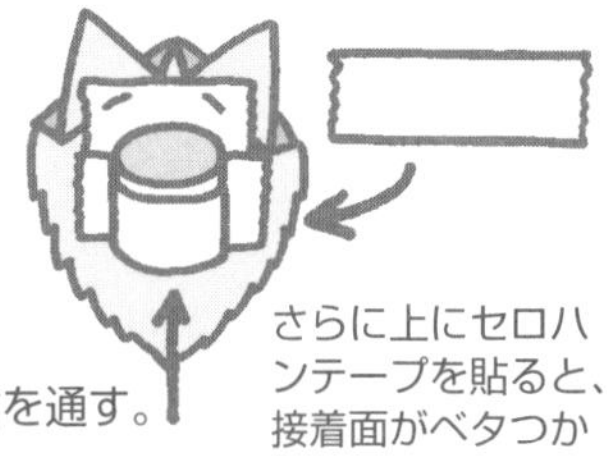

さらに上にセロハ
ンテープを貼ると、
接着面がベタつか
ない。

④ 輪に指を通す。

☆葉や切れこみの深さによって、いろいろな動物ができます。

親子で楽しむ
自然遊び

つくって遊ぶ　春夏秋冬

葉っぱで虫をつくろう

園庭にはどんな虫がいますか？　花の蜜を吸いにくるチョウ、草の中のバッタ、樹木にくるセミやカブトムシ、クワガタ。虫のお話をしながら、葉っぱで虫をつくりましょう。子どもの年齢に応じて、つくるものを選んだり、つくり方を変えてみましょう。葉っぱ、小枝は布ガムテープで貼り合わせると、接着しやすく、丈夫にできます。

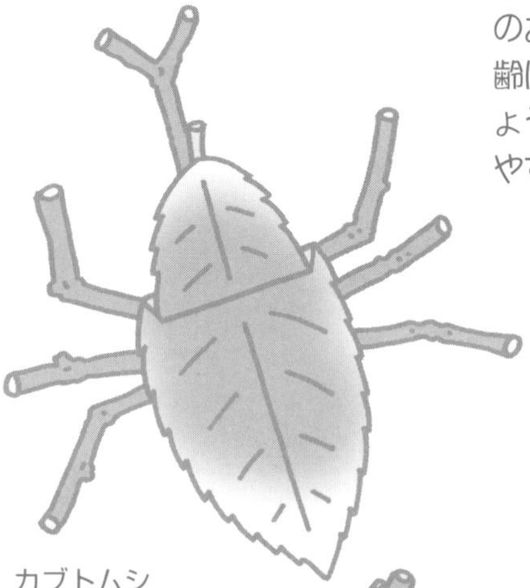
カブトムシ

チョウ

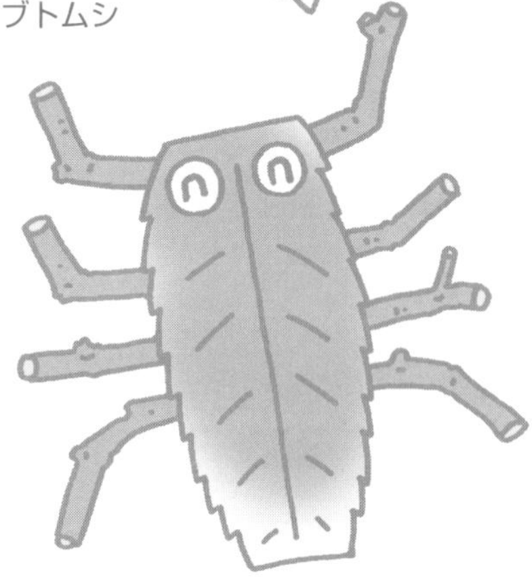
クワガタ

バッタ

マテバシイ、シラカシ、スダジイ、クヌギ、タブノキ、カクレミノ、ツバキ、モチノキなど、厚みのある葉を使うとつくりやすく、できあがった後も形のまま乾燥して飾れます。（葉は茶色に変化していきます。）

カブトムシをつくるぞ！
ガムテープではるとしっかりとまるよ！

カブトムシ

① 葉をおる。

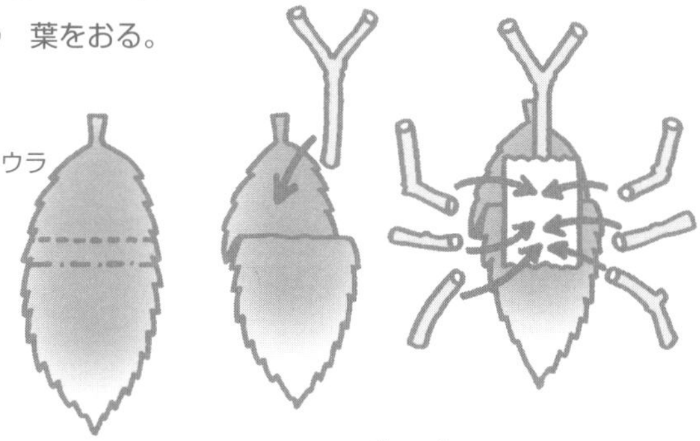
葉のウラ

② つのの枝を貼ってから、足の枝を貼る。

クワガタ

準備

葉っぱ・小枝・布ガムテープ
油性ペン（葉に目をかく）

① 枝を貼る。
② 葉の先を折り返して貼る。

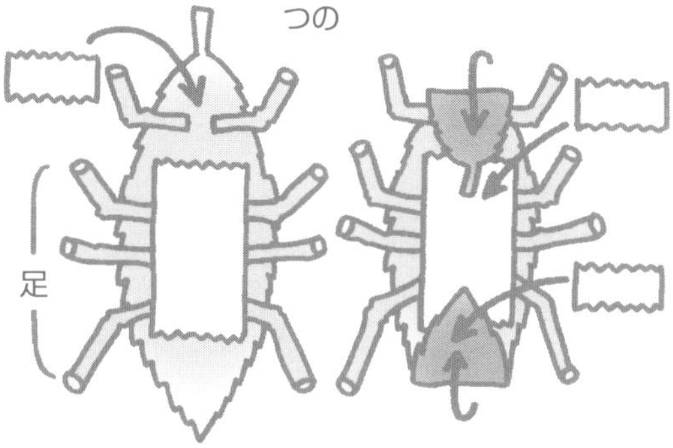
つの
足

バッタ

① 葉を半分に折る。
外側が接着面になるように輪にした布ガムテープを貼り、折ったとき、貼り合わせる。

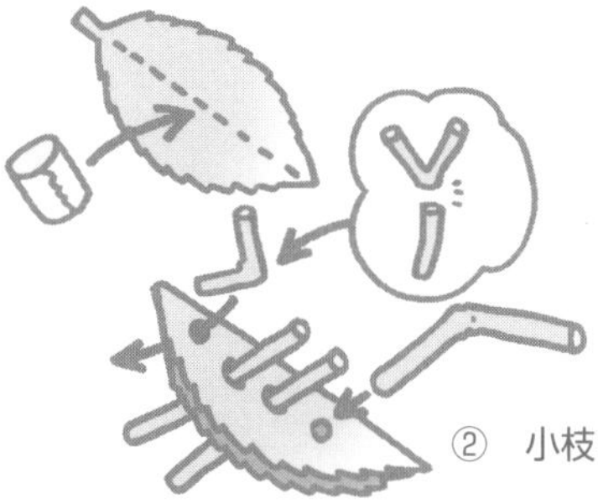

② 小枝を突きさす。

チョウ

① 葉を折り、ちぎる。

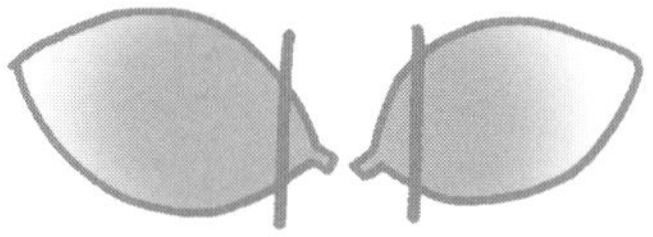

② 葉を貼り合わせる。

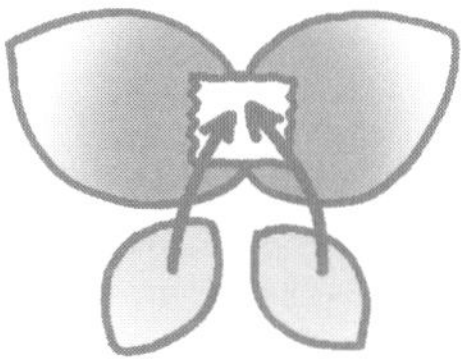

③ 小枝を貼る。

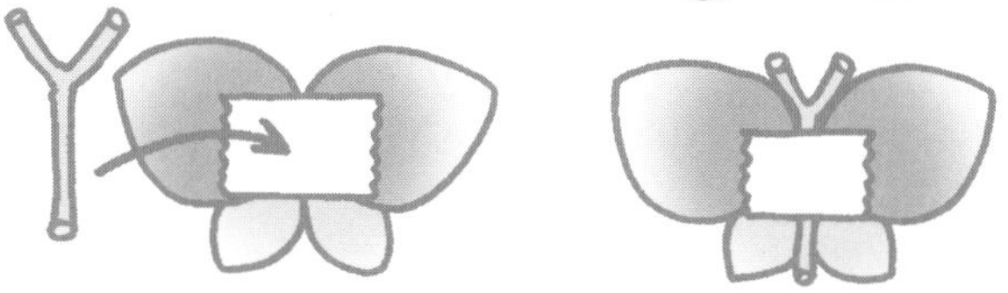

●パネルにできあがりを飾り、つくり方を貼っておきましょう。

準備

葉っぱはビニール袋に入れて口をしめ、冷蔵庫で保存すると、１週間はもちます。

はっぱあそびコーナー
つくりかた
カブトムシ
クワガク
チョウ
バック

机の上に布ガムテープ、油性ペンを用意します。

葉っぱ、小枝を箱に入れる。

ダンボールを使うとナチュラルな感じに。

親子で楽しむ
自然遊び

つくって遊ぶ　春夏秋冬

葉っぱ飛行機を飛ばそう

はさみで少し葉っぱを切っただけで飛行機に変身。
葉の形によって飛び方が変わります。マテバシイ、クヌギ、アベマキ、カキ、スズカケノキの仲間、タブノキ、ホオノキなど、厚みがある葉が向いています。秋に落葉したばかりの色づいた葉でもつくれます。

マテバシイ

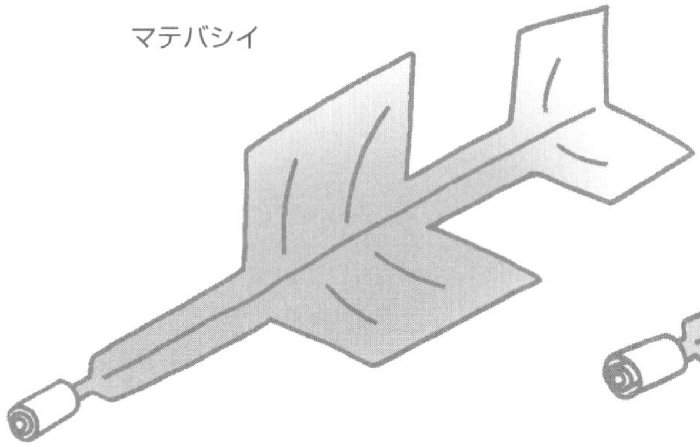

カキ

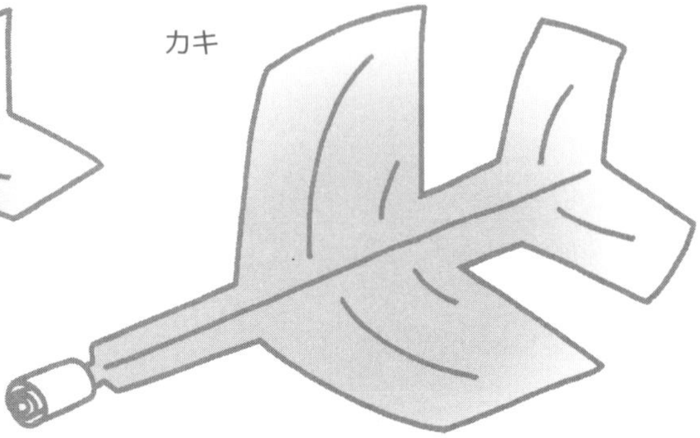

モミジバスズカケノキ

クヌギ

葉柄の形によって
おもしろい飛び方をします。

持ち方

つくり方

●図のように葉をはさみで切ります。

●遠く飛ばすには布ガムテープを巻く量を調節しましょう。

準備

葉っぱ・布ガムテープ・はさみ

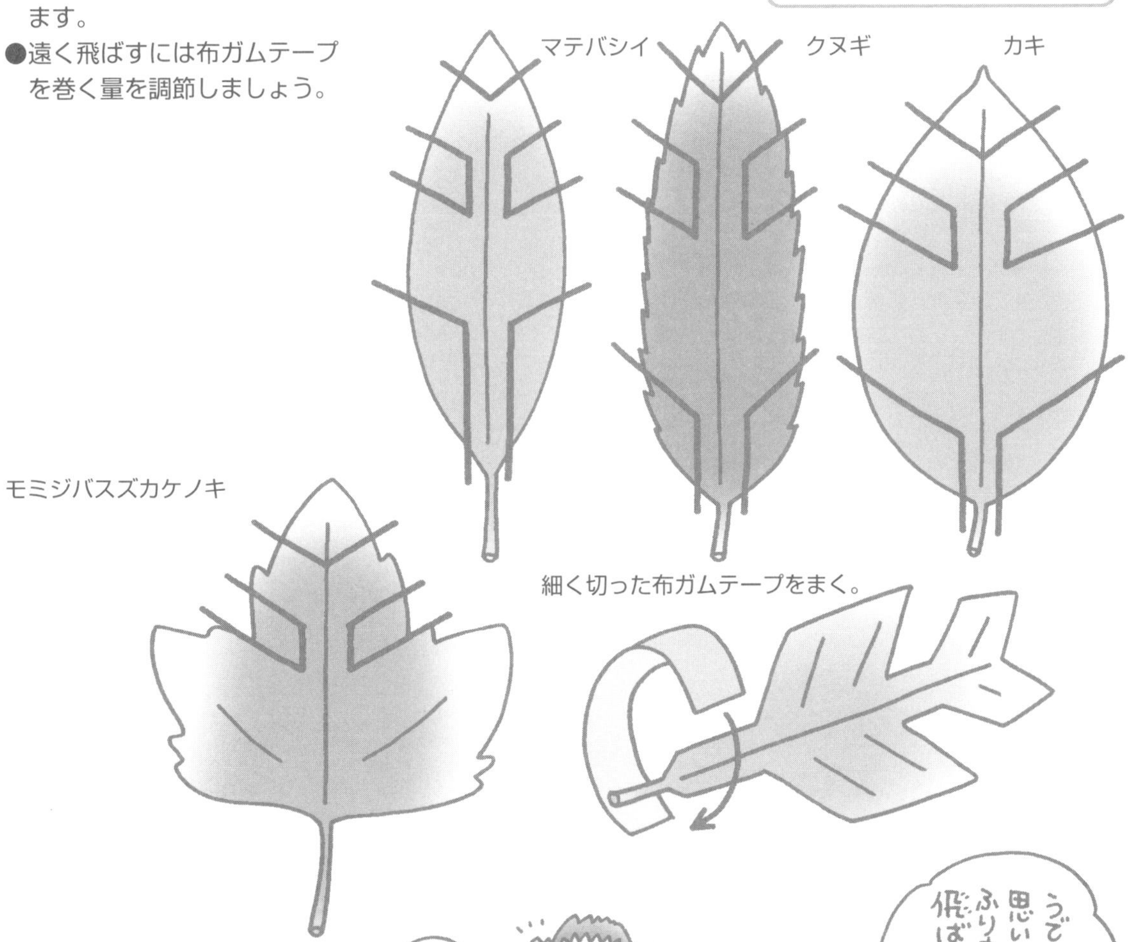
マテバシイ
クヌギ
カキ
モミジバスズカケノキ
細く切った布ガムテープをまく。

遊び方

●的の箱に飛ばして遊びましょう。

●ラインを引き、飛ばすとき、ラインを出ないようにします。的になるダンボール箱やビニールプールを置きます。年齢に応じて、箱の大きさ・置く距離を変えましょう。

えい
入れるよ
それ!
うでを前に思いっきりふりおろして飛ばそう!
ダンボール箱

親子で楽しむ
自然遊び

つくって遊ぶ　春夏秋冬

葉っぱしゅりけん遊び

細長い形をした厚い葉が向いています。
マテバシイ、アベマキ、クヌギ、スダジイ、シラカシ、センリョウなどを使いましょう。

マテバシイ

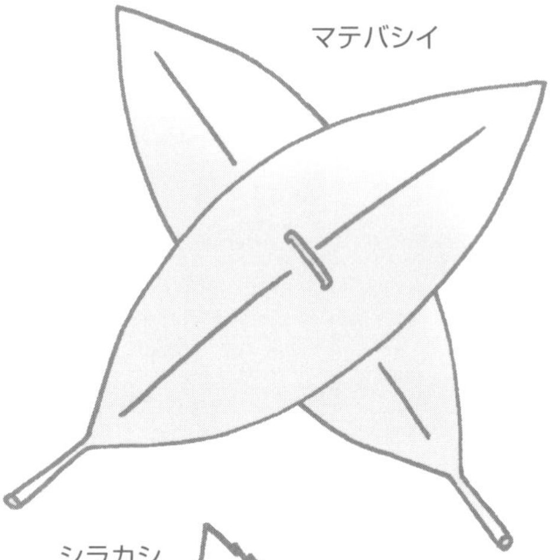

アベマキ

シラカシ

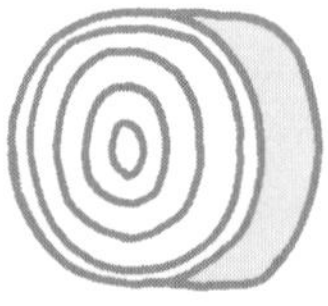

的

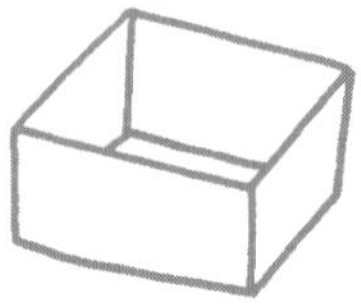

箱

☆的や箱めがけて
投げて遊びましょう。

準備

葉っぱ・ホチキス・セロハンテープ

つくり方

① 2枚の葉を図のように重ね、真ん中をホチキスでとめる。

② 葉のウラ側のホチキスの針先にセロハンテープを貼る。

葉のオモテ

葉のウラ

more さらにひと工夫

●常緑のマテバシイは、夏ごろに落葉しているのを見かけます。この落ち葉をダンボールにはさみ、重しをすると、平らな押し葉になります。押し葉に色をぬり、カラフルしゅりけんをつくるのも楽しいです。

遊び方

●保護者がオニになります。的の布を胸と背中につけます。仮面などの変身小道具を身につけると、さらにおもしろくなります。

●制限時間内、園庭の中をオニは走って逃げ回ります。子どもたちは的めがけて葉っぱしゅりけんを投げて遊びます。

仮面忍者だよ！
○○ぐみ忍者かかってこい！
変身したおとうさん
まだまだあたらないよ！
でも油断大敵じゃ！
それ！
まてー！
キャー！

つくって遊ぶ　秋

どんぐりで遊ぼう

秋、公園や雑木林でひろったどんぐりを使い、いろいろつくって遊びましょう。

準備

油性ペン・シールなど・カラービニールテープ・500㎖のペットボトル・どんぐり

どんぐりマラカス

つくり方

ペットボトルに油性ペンで絵をかいたり、シールを貼る。
どんぐりを入れてふたをする。

●シラカシやコナラ、マテバシイなど小さいどんぐりを使います。

ダブルマラカス

●どんぐり落しにもなります。

☆上下をひっくり返して、音を出します。

つくり方

どんぐりを入れ、カラービニールテープで2本をつなぎ止める。油性ペンで絵をかく。

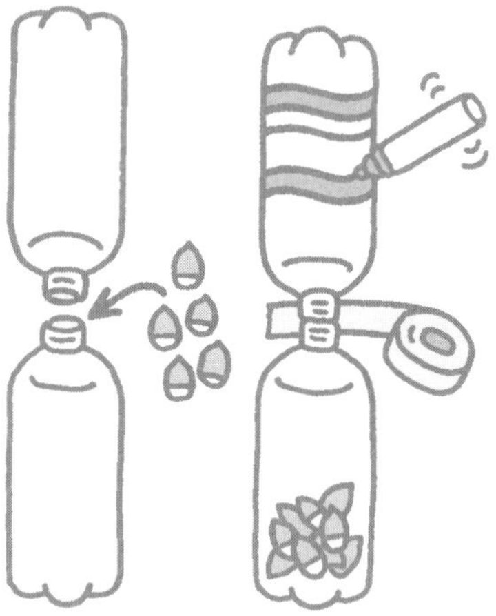

☆できあがったら、全員でサンバを踊って楽しみましょう。

あやつり人形

準備

どんぐり・小枝・ひも・モール・セロハンテープ・油性ペン

つくり方

① ひもを輪にして、どんぐりをセロハンテープで貼る。

② 油性ペンで顔をかいたり、色をぬる。

③ モールをかけてねじり、ちょう結びにする。

結び目

④ ひもを小枝にしばる。セロハンテープでひもをどんぐりに貼る。

プラス1 人形の片方のうでを動かすと、首や足がフリフリ動いておもしろいですよ。

いまねー
サッカー
してたん
だよ！
どんちゃん
あそぼうよ！

小枝を動かすと人形も動きます。人形劇をしてみましょう。即席のお話を親子で考えるのも楽しいですね。

親子で楽しむ
自然遊び

すぐ遊べる　春・夏

草花で遊ぼう

野原の草も遊び道具になります。お散歩、遠足のときなども
大勢で遊ぶと、もっと楽しくなりますね。

オオバコのひっぱりずもう

2本のオオバコをからませて2人でひっぱります。
切れた方が負けです。

あっ！
切れちゃった！
勝った！

プッチン！

オオバコ

遊び方1

2つのグループに分かれて、ひっぱりずもうをします。
切れたら、次の人に交代していきます。

遊び方2

【親子グループ勝ち抜き戦】

4人くらい（親子2組以上）のグループ同士で対戦し、切れなかった人が多いグループが勝ち。グループ同士の勝ちぬき戦をしていきます。

●引き分けの場合は再戦。

笹舟

クマササの他、ススキ、オギ、ヨシでもつくることができます。

つくり方

① ササの先を内側に折る。

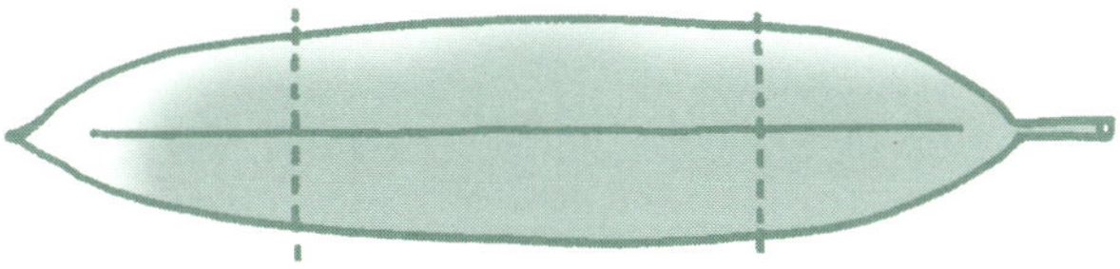

② 折ったところにさけめを2本入れる。

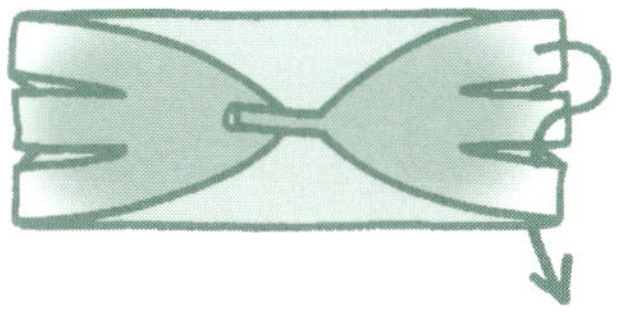

③ 真ん中を残して、はしを差しこむ。

拡大図

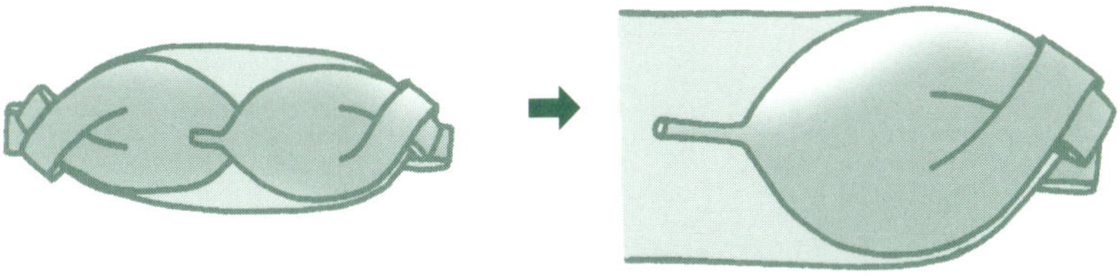

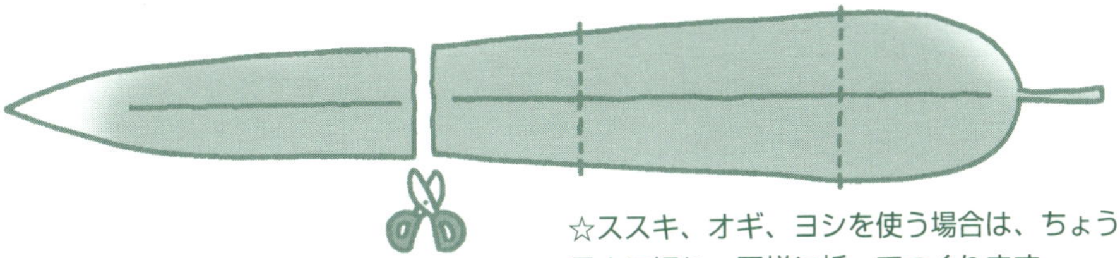

☆ススキ、オギ、ヨシを使う場合は、ちょうどよい長さに切り、同様に折ってつくります。

笹舟のウォータースライダー遊び

園庭で……

竹はたてに割り、節を取り、ビニールプールに流れこむように取りつけます。ホースやじょうろの水で笹舟を流して遊びます。

●竹は孟宗竹や太めの真竹で。台やいすで傾斜をつけます。

親子で楽しむ
自然遊び

すぐ遊べる　夏・秋

草花で遊ぼう

園庭の原っぱコーナー、野原に生えている野草を使って
準備いらずの簡単遊びです。

エノコログサの手遊び

「ロンドン橋」の替え歌をうたいながら、親子で手遊びをしましょう。

①
♪みみ
♪おひげ
♪まゆげ

『ロンドン橋が落ちる～』の部分

②
♪おひげ
♪まゆげ

『おちる～　おちる～』の部分

キャッ
キャッ
こちょ
こちょ…

①②を繰り返し、
歌の最後に子ども
をくすぐります。

エノコログサのみのむしさん

①　エノコログサの穂先を上にして、にぎる。

②　ぎゅっとにぎったり、少しゆるめたりすると、穂が出てくる。

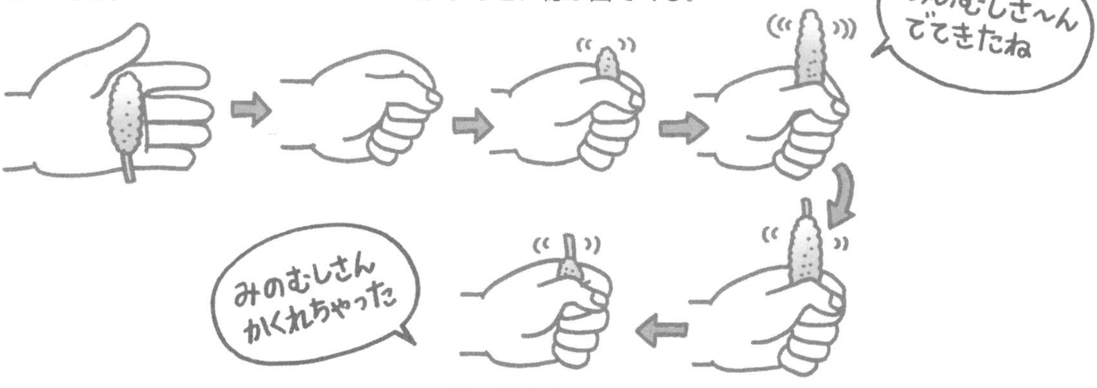
みのむしさ～ん
でてきたね
みのむしさん
かくれちゃった

③　穂先を下にして、ぎゅっとにぎったり、少しゆるめたりすると、穂が中に入っていく。

エノコログサ馬のかけっこ

むちでたたくと、馬が走り出します。

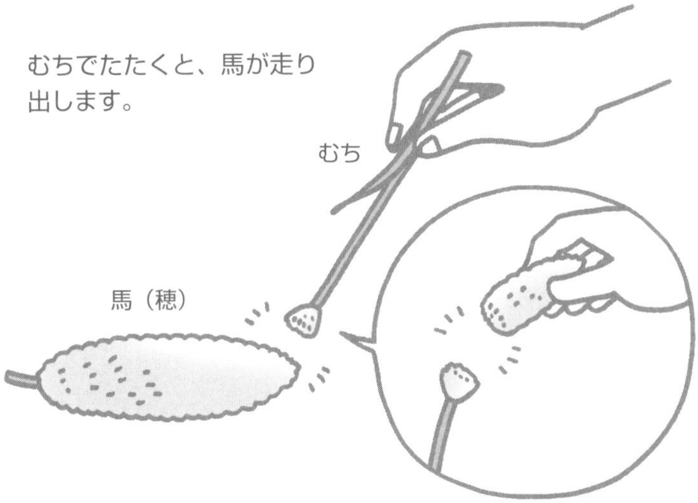

園で遊ぶときは……
前日に野原で摘み、水を入れたバケツにつけます。

遊び方 教室・園庭で

机を並べて競争しましょう。

- ●馬をたたいて早くゴールについたら勝ちです。
- ●途中で馬が机から落ちたら負けです。
- ★机をいくつかつなげて長くし、親子対抗リレーにしてもいいでしょう。

つくって飾る　春夏秋冬

自然物でつくろう

親子で楽しく共同制作しましょう。
川原や海辺で拾った石に色を塗ったり、折り紙を貼ったりして、
おもしろいペーパーウエイトをつくりましょう。

石のペーパーウエイト

準備
石は洗って、乾かしておきましょう。

つくり方

●色をぬる。

アクリル絵の具やポスターカラーでぬりましょう。
クレヨンや油性ペンも使えます。
石の形を生かして動物や乗り物などに見立ててかいてみましょう。

●折り紙を貼る。

折り紙を切り、のりで貼ります。
色や模様を楽しみましょう。

☆色紙や布を敷いて飾ると素敵なインテリアにもなります。

小枝のフォトフレーム

身近にある短くかわいらしい小枝を貼って、つくりましょう。

準備

小枝・ダンボール・リボン・透明セロファン・セロハンテープ・木工ボンド・カッター

つくり方

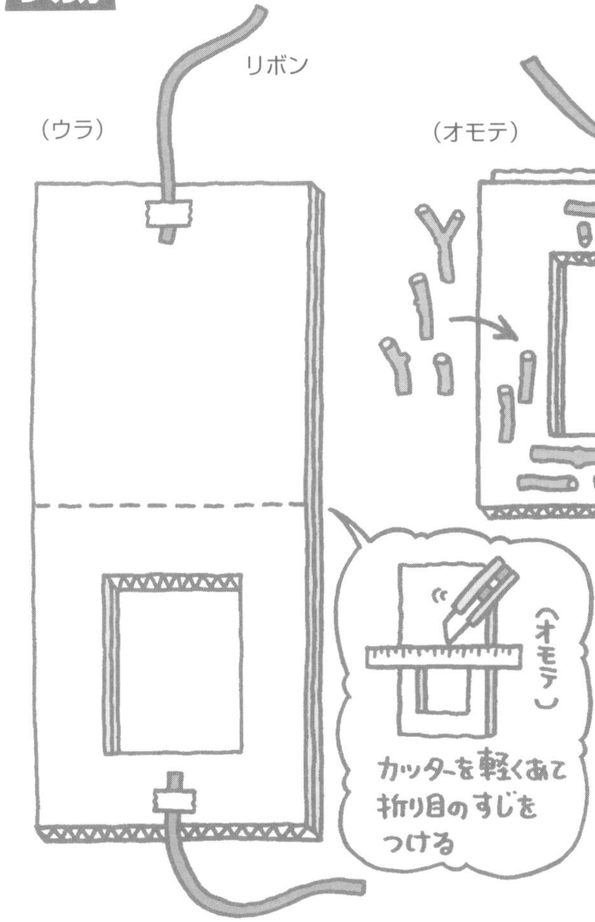
リボン
（ウラ）
（オモテ）
カッターを軽くあて
折り目のすじを
つける

① ダンボールを切る。中にリボンをとめる。

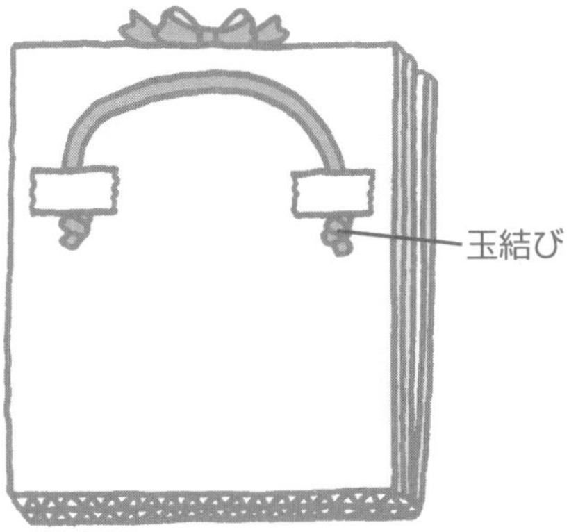
玉結び

② ウラにひもをとめる。

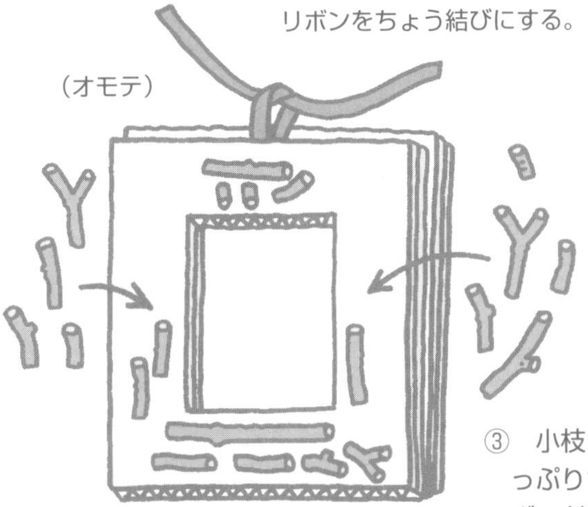
リボンをちょう結びにする。
（オモテ）

③ 小枝に木工ボンドをたっぷりつけて貼る。木工ボンドが乾くまで、動かさない。

④ 写真に透明セロファンを重ねて、セロハンテープで貼る。

壁かけタイプのフォトフレームできあがり。

園で収穫した
野菜でクッキング

つくって食べる
親子でクッキング

子どもも一緒につくると、「おいしいよ！」って、おかわりしてたくさん食べてくれます。子どもの年齢に応じて材料の下ごしらえを手伝ってもらいましょう。材料を炒める・煮込む・焼くなど火を使うところは保育士や親が担当します。

カレーライス

子どもたちの人気メニュー、カレーライス。６月に収穫したばかりのジャガイモ・タマネギ・ニンジンでつくるともっとおいしいでしょう。ほかに収穫したキュウリ、ラディッシュ、サニーレタスなどでサラダに。フルーツヨーグルトなどデザートをつけ合せるともっと楽しくなります。

ジャガバター

ゆでたジャガイモに切れ込みを入れてバターをのせ、アルミホイルに包みます。網で焼き、開いてみると、バターがとろけてほくほくしたジャガバターのできあがりです。とろけるチーズやベーコンをのせて、ピザ風のトッピングにしてもおいしいです。

芋煮

10月から11月にかけて収穫したサトイモで、体が温まる大鍋をつくってみましょう。サトイモ、コンニャク、牛肉（豚肉でもよい）、長ネギ、お好みでニンジン、きのこ、ごぼうなどの野菜も入れましょう。よく煮込むと味がしみてコクのある味になります。

ほかにこんなクッキングが……

餅つき

「よいしょ！　よいしょ!」みんなで掛け声を合わせ、ついたお餅の味はまた格別です。保護者が手を添えて親子で順番についていきます。最後の仕上げはお父さんたちの力の見せどころ。しっかりついておいしいお餅にしましょう。つき上がったばかりのお餅は熱いので注意して、子どもたちもいっしょに餅を丸めます。きなこ、あん、のりと砂糖じょうゆ、大人向けに大根おろししょうゆなどを用意して、つきたてのお餅をおいしくいただきましょう。

ホットケーキ

子どもたちはホットケーキが大好きです。ホットプレートに生地を流し込んで、いろんな形に焼くのもおもしろいですね。バター、ジャム、フルーツ、シロップ、ホイップクリームなどのトッピングで楽しみましょう。粒あんをはさむと、どら焼きにも早変わり。

第3章
親と子どものスキンシップ遊び

はじめに

私は、「お仕事は?」と聞かれると、「遊びと絵描きです」と答えます。

子どもたちと、体と体をぶつけあったり、跳んだりはねたりする体力遊びを中心に、遊んでいます。

私が、体力遊びのおもしろさにとりつかれて、もう33年もたちました。スタートは、幼児や小学生たちと夢中になって遊んでいたのです。「子どもと一緒に遊ぶおじさん」と、子ども会や親子読書会で「体力遊び」を実践させていただきました。それが評判をよんで、保育園・幼稚園・小学校・公民館へと実践の場が広がりました。

子どもたちと遊びの出会いがあるたびに、遊びの種類が増えていき、新しい工夫が加わりました。

私は、南国・奄美大島で生まれ育ちました。奄美で祖父や両親から教えてもらった、伝承遊びからヒントを得て生まれた遊びが中心です。

ここに紹介させていただいている、「遊び」は、長年私が、子どもたちと遊んだ中でも、人気のある遊びをまとめてみました。

保育士の方やリーダーの方々への何かのヒントに役立てていただけたら幸いです。

作田忠一

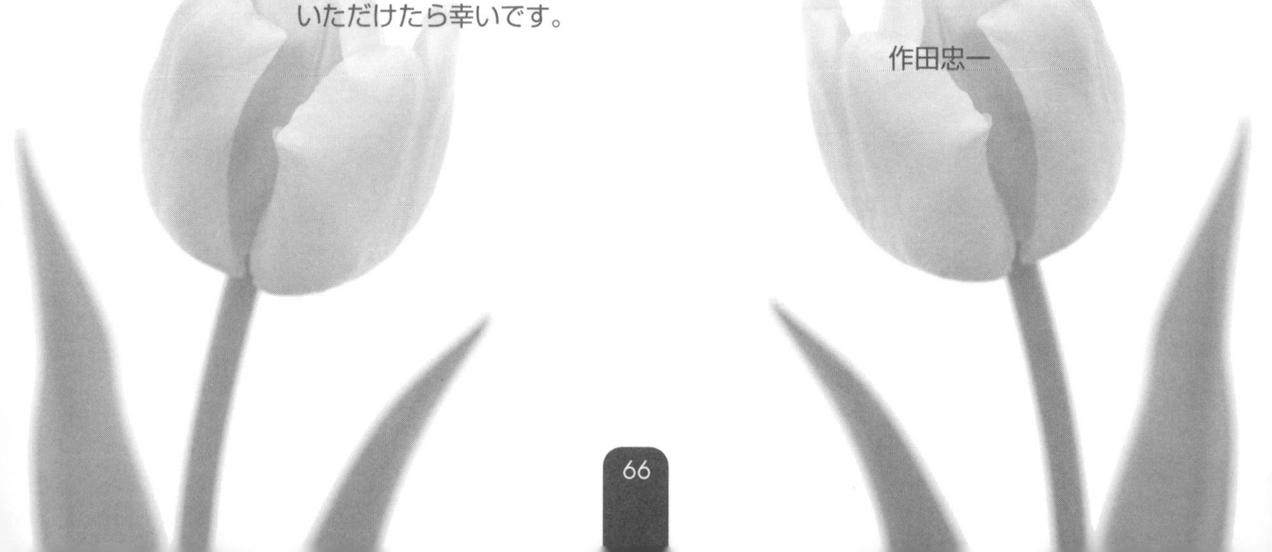

さあ！ はじめましょう

手遊び

グー・パー遊び

……年少さんは、むすんで・ひらいて……

みんなでリラックスして、まずは手遊びからスタート。

●かなり慣れてきたら音楽に合わせてやりましょう。（２拍子の曲、『おお牧場はみどり』、『もしもしカメよ』等）

遊び方

①　全員すわって、グー・パー・グー・パーを両手で繰り返します。

②　次に右手はグー・左手パー➡右手はパー・左手グー、と交互に繰り返し行います。

③　次に右手はグー・左手は人差し指１本➡右手は人差し指１本・左手グー、と繰り返し行います。

④　慣れてきたら、今度はまん中でポンと１回、拍手も入れます。

⑤　間奏のふりは、両手を広げリズムに合わせて上から下へ下ろし、次に身体を左右にゆらしながら、両手はひざの上でリズムをとります。

準備体操

両手を広げて、おもいっきり飛び上がりましょう！

遊び方

① たって・すわって。
② ジャンプでホイ。
③ ジャンプ・ジャンプ・すわる。
④ 片足チョン・チョン。
⑤ 深呼吸。

●「ハイたって、ハイすわって、たって、すわって……」と、合図に合わせ、たったり、すわったりを行います。

●『たってすわって』ができたら、次はジャンプです。「イチ・ニのサーン」で飛び上がります。次に、両手を思いっきり上げて、飛び上がります。

さあ元気よく遊びましょう！

スキンシップを楽しもう

はらっぱを通って

……年少さん向き……

みんな大好き！　くすぐりっこ。年少さん向きの遊びです。

遊び方　【親子ですわって向き合って】

① 草ぼうぼう（親の人指し指で子どもの頭をやさしくかきまわす）
② 原っぱを通って（ひたいを通って）
③ １本橋を渡って（鼻の上を通って）
④ お池をまわって（口びるを１周なでて）
⑤ がけから落っこちて（あごから首へ）
⑥ コチョ・コチョ（くすぐる）

ぴょんぴょん人形

「イチ・二のサーン！」ウサギになったつもりでぴょ～ん！

遊び方

① 親と子が向かい合って、親は両手のひらを上向き、子どもは下向きで、つなぎます。
② 「イチ・二・のサーン」のかけ声で、子どもを思いっきり高く上げます。子どもは、サーンで、タイミングよく親の手をおしつけながら、飛び上がると、かなり高く飛び上がれます。

● 「イチ・二のサーン」のところで親子の息が合うと、びっくりするほど高く飛び上がれます。

2人は仲よし

2拍子の音楽に合わせて行うと、より楽しくできますよ。

遊び方

① 親が足をのばしてすわり、子どもは足を開いてまたぎます。はじめは、両手をとってやります。親は足を開いて、閉じてと、交互に行い、子どもは親の足をふまないように両足を開いて、閉じて、着地します。

② 次に、両手を離して行いましょう。

とんでくぐって

馬とびは、お父さんも得意だった！

遊び方

① 親たちは、両ひざと両手を床につけ、馬のスタイルで横に並びます。

② 子どもたちは、１番目の馬はとび越し、２番目の馬をくぐり、３番目はとび越し、４番目はくぐる、というように、最後の馬までとんでくぐっていきます。

飛行機

飛行機ビューン！　カッコよく飛べるかな？

遊び方

① 子どもが床にうつぶせになって、両手をまっすぐ横にのばします。両足はそろえて飛行機の形にします。
② 親が、右手で片足を、左手で片腕を、しっかり持ちます。
③ 少しずつ床から離陸するように上げながら、回します。
④ ぐるぐる回したら、今度は着地です。ゆっくり、回しながら床へ降ろしていきます。

！注意！
隣りの飛行機と絶対にぶつからないように、スペースをじゅうぶんとってから、始めましょう！

すべり台

背中をスルリ。お父さんの背中は広いなぁ。

遊び方

① 親が、子どもを両手で持ち上げて、頭の上でくるりと回します。
② 背中に乗せて、中腰になり、背中をななめにします。
③ スルリと、子どもがすべり降ります。

●ベルトを着けていると、ひっかかるので、ベルトは、はずしておきましょう。

コアラちゃん競争

お母さん大好き！　コアラだっこも大好き！

遊び方

① 親の首に両手でしっかりぶら下がります。
② 一緒に「1・2・3・4・5……100・101」と数えます。
③ だれが一番長い時間、ぶらさがっていることができるかな？
④ 今度は、親の背中にしっかり抱きつきます。
⑤ 「ヨーイ・ドン」の合図で、親は両手を横にひろげます。
⑥ 一緒に「1・2・3……100」と数えます。
⑦ どのコアラちゃんが一番長く抱きついていられるでしょうか？

のぼってくるり

のぼってくるり。空も逆さに見えるよー。

遊び方

① 親子で向かいあって、両手をしっかりつなぎます。
② 子どもは親の足から、おなか、胸へとのぼって行きます。
③ くるりと回って着地します。
④ 何回も、繰り返し行います。

ひっくり返り逆立ち

うまくできるかな？ 勇気をだしてチャレンジしよう。

遊び方

① 親が子どもを肩車し、しっかりと両足を持ちます。
② 子どもは、そのまま後ろへひっくり返ります。
③ 子どもの手が床につく程度に親は中腰になります。
④ 足を肩からはずして、両足をそろえて着地します。

●子どもと親の信頼関係があってこそできる、ちょっぴりスリリングな遊びです。
●初めは他の保護者の人と協力して、支えたり、何回も繰り返し練習してから行いましょう。

スキンシップ遊び

おでこをピタッ。おなかをピタッ。み〜んなピタッとくっつけちゃおう。
楽しみながら、親子のスキンシップができます。

遊び方

① 親子1組みになります。
② リーダー（保育士）が、「両手をつないで」「おなかをくっつけて」「おしりをくっつけて」……と、次々と指示を出します。
③ 次はちょっと大変です。「両手をつないで。そのまま一緒に座って。立って」と、変化をつけます。
④ さらに難しくなります。「鼻と鼻をくっつけて。そのまま横に歩いて、1、2、3……9、10」など、いろいろな動作を指示しましょう。

●動作と動作の間は、10〜30秒ほどでいいでしょう。

おしりをくっつけて

両手をつないですわってー

おおなみ・こなみ

大きな声を出して、元気に歌いながら体を動かしましょう。

●1-3、4-6、7-9と、子どもの年齢に合わせて行いましょう。年少さんは、1-3だけでいいでしょう。

遊び方

① 親子で両手をつなぎ、左右にふります。（おおなみこなみ）

② 手を離して、お互いその場所で回ります。（ぐるっと回って）

③ 向き合って、自分の両目を人差し指でつり上げます。（ニャンコの目）

④ 親が、腹ばいの子どもをもって、左右に大きくゆすります。（おおなみこなみ）

⑤ 子どもをもったまま、その場で回ります。（ぐるっと回って）

⑥ 子どもをもったまま、腕を曲げて抱き寄せます。（ニャンコの目）

⑦ 両手で子どもをぶら下げて、左右に揺らします。（おおなみこなみ）

⑧ 両手でぶら下げたまま、ぐるりと回ります。（ぐるっと回って）

⑨ 着地します。（ニャンコの目）

ダンス・ダンス・ダンス

右に左に、音楽に合わせて楽しくステップを踏みましょう。

遊び方

① 親子で向き合って両手をつなぎ、親の両足のつま先に子どもが乗ります。
「オイッチ・ニ、オイッチ・ニ」で横歩き左へ、右へ、前歩き、後歩きをします。
② さあ、今度は音楽に合わせて踊りましょう。

●年少さんは、親に抱きつくようにします。

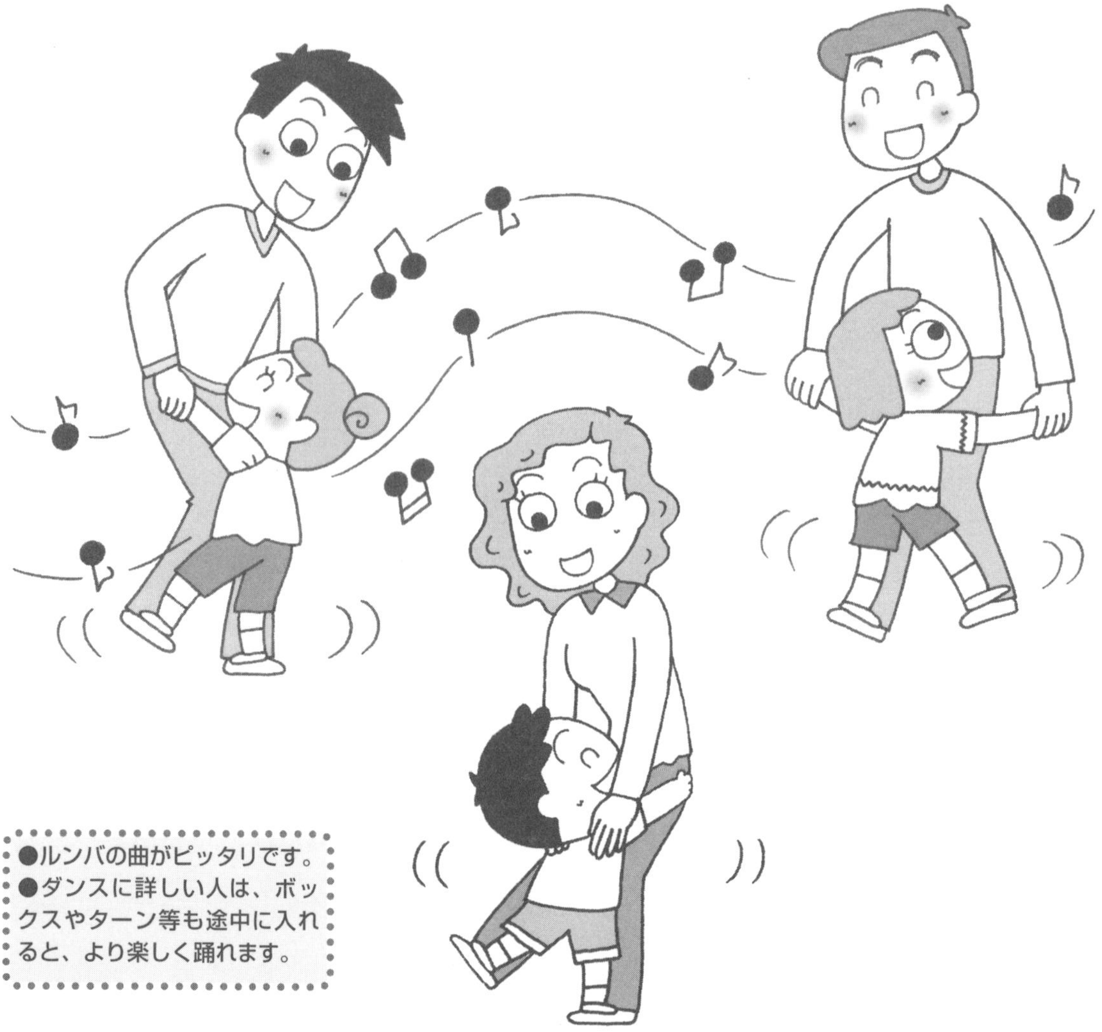

●ルンバの曲がピッタリです。
●ダンスに詳しい人は、ボックスやターン等も途中に入れると、より楽しく踊れます。

トゥ・グル・マックヮ

これは、私が子どものころ、親たちがよくやってくれた
鹿児島県・奄美大島の親子遊びです。

遊び方

① 親子で絵のように、反対おんぶをします。
② 子ども同士、両手をつなぎ、大きな輪になります。
③ 音楽や、歌をうたいながら、左へ8歩・右へ8歩と、親たちがステップを踏みます。

●おんぶが反対というだけで、とてもおもしろい遊びになり、子どもたちは大喜びします。

みんなで元気に遊ぼう

新聞飛び越し

新聞紙1枚あれば、いろいろな遊びが生まれます。

遊び方

① 親2人がタテ半分に折った新聞を水平に持ちます。
② 子どもは、1人ずつ助走をつけて飛び越します。
③ だんだんと新聞の高さを上げていきます。
④ うまく飛べるようになってきたら、新聞を全部広げて、同じように飛び越します。

★失敗しても、新聞紙はすぐに破れるので恐がらずに行いましょう。

新聞くぐりぬけ

遊び方

① 新聞紙のまん中に大きな穴をあけます。
② 親たちは、1mおきに立ち、垂直に新聞を持ちます。
③ 子どもたちは、1人ずつよつんばいになって、新聞紙を破らないように穴をくぐっていきます。

ハードル競争

遊び方

① 新聞をタテ半分に折り、親に垂直に持ってもらいます。
② 1人ずつ連続とびで練習したら、いよいよチームに分かれて競争です。
③ 行きは連続とび、帰りは横を走ってきて、次の人にバトンタッチ。どのグループが1等賞になるかな？

新聞ボール合戦

●丸めたあと、セロハンテープなどでしっかり止めましょう。

遊び方

① 新聞を丸めて、1人2個くらいボールをつくります。
② 両チームに分かれて、テープやロープでまん中に境界線を引きます。
③ 「ヨーイ・ドン!」で、自分のボールを相手チームの人にぶつけるように投げます。
④ 相手チームは、飛んできたボールを拾ってすぐ投げ返します。
⑤ 相手チームから飛んできたボールも、すぐ拾って投げ返します。
⑥ 「ヤメー！」の合図で、全員投げるのをやめます。自分のエリア内にボールの多いチームが負けです。

風きり競争親子リレー

親同士で競争したりと、組み合わせをかえて行いましょう。

●油性マジックで動物のイラストなどをかいておくと、より楽しくなります。

遊び方

① 新聞をたたんだ状態で、お腹の上に乗せます。これがバトンになります。

●両手を放し、新聞をさわってはいけません。

② 「ヨーイ・ドン」で、思いっきり走って競争します。

●走るスピードで、風を起こして走る競争ですから、外では向いていません。

●折り返し地点でターンするときがなかなかうまくいかないので、それがかえっておもしろさを増します。

雪が降る

細かくちぎって、新聞紙の雪を降らせましょう！

遊び方

① 遊び終わった新聞を全員でなるべく小さく破き、会場いっぱいにまきます。
② 会場いっぱいになった新聞をなるべくたくさん拾い集め、両手で持ちます。
③ 「イチ・ニのサーン!」の合図で、全員同時に、高く新聞を放り投げます。

●きれいな雪が、ひらひらひらと降ってきます。
●単純な遊びですが、子どもたちは大喜びです。

【この雪を利用して】
「ソリ遊び」や「段ボールスキー」などに発展させると、より楽しく遊べます。終わったら、最後に「雪集め競争」をして、新聞雪をみんなで片づけましょう。

お父さんは力持ち

お父さんってスゴイ！　尊敬の眼差しで見られますよ。

遊び方

① 各チーム、お父さん２人、その子ども２人というように、２列に、お父さんと子どもが交互に並びます。

② 「ヨーイ・ドン！」の合図で、マットの上に子ども２人をのせ、落とさないようにお父さん２人が目標を回ってくる競争です。

③ １番早く全員が終わったチームが勝ちとなります。

●マットがない場合、段ボール箱を開いて使ってもよいでしょう。

靴とりゲーム

どれが自分の靴かな？　間違えないで探してね。

遊び方

① グループごとに両手をつないで輪になり、行進曲などに合わせて、左へ回り、笛の合図で、まん中へ入って行きます。

② 中心まで行き、「片方靴をぬいでー」の合図で全員自分の片方の靴をぬいで置いてきます。

③ 次の笛で後ずさり、そしてまた左へ回ります。

④ 次の合図でいっせいにまん中へ行き、自分の靴をはいて戻ります。

⑤ また大きな輪をつくって、音楽に合わせて回ります。

テープ踏み

自分のテープは、踏まれないように、足を上げながら逃げます。

遊び方

① 各チームそれぞれの色の紙テープを両足首に絵のように結びます。

② 「ヨーイ・ドン！」の合図で、自分のチーム以外の人のテープを足で踏んでちぎります。

③ 最後に、両方のテープが残っている人は両手をあげ、片方だけ残っている人は片手をあげます。１番多くテープが残っているチームが勝ちとなります。

●このとき、手で相手を押したりした人は失格です。隅の方で休みます。

風船割り

親チーム・子チーム、クラス別親子混合チームなど、
組み合わせを考えましょう。

遊び方

① ひもをつけた風船を１人2個用意し、両足首に結びます。
② 「スタート」の合図で追いかけっこをし、ほかの人の風船を足で割ります。
③ 風船を2個とも割られた人は失格です。休憩しましょう。

足を踏まないで

リズムにのって、ぴょんぴょんぴょーんと、飛び越えましょう。

遊び方

① 親たちが両足を開いて、お互いに向き合い、両足をくっつけてすわります。
② 子どもたちは、『足を開いて、閉じて、（親の）足を踏まないで』と、気をつけながら、足の間をぴょんぴょんととんでいきます。

ベルトコンベア

途中でつっかえないように、タイミングを考えて送りましょう。

遊び方

① 親たちが足を開いて長い列をつくります。
② 子どもたちは両手を背中に組んで、あごを上げて、腹ばいになります。
③ 1人ずつ送ります。

ボール送り競争

ゆっくり、早く。ボールを落とさないように気をつけて！

遊び方

① 先頭の人から頭越しに後ろの人にボールを送ります。

② 送り終わったら、前後向きをかえて、足を開いて、股の下でボールをころがして、前へ送ります。

③ １番早くボールを先頭まで戻したチームが優勝です。

両足ボール運び

ボールをはさんでジャンプしながら進みます。

遊び方

① 1チーム1個、大きいボールを用意します。
② 両足でボールをはさんでジャンプしながら前へ進み、旗を回って次の人へボールを渡します。
③ 全員がゴールしたチームが勝ちです。

じしゃく

みんなでしっかりスクラム組んでがんばろう！

遊び方

① 何チームかに分かれます。
② 音楽に合わせて、リーダー〈お母さん、保育士〉の回りを子どもたちが回り、笛の合図でリーダーにくっつき、はがされないようにスクラムを組みます。
③ 全員しっかりくっついたら、次の笛の合図でお父さん１人で、他のチームの子どもたちをだいたり、おんぶしたりして、連れて行きます。
④ 次に別のお父さんが、同じように子どもを連れて行きます。
⑤ 笛の合図で終了。一番多く子どもをはがしたお父さんチームの勝ちとなります。

●お父さんと子どもがまざって２組に分かれ、相手チームの人をはがしてくるのもおもしろいでしょう。

たくさん運び競争

力持ちのお父さんに負けるな！　離れちゃダメだよ。

遊び方

① 子どもたちは、同人数グループごとにかたまって待っています。
② お父さんがスタートラインから走ってきて、子どもたちを（だっこ・おんぶ・肩ぐるま・腕にぶら下げるなど）スタートラインまで運んできます。
③ 次のお父さんとバトンタッチします。
④ 何回か繰り返します。
⑤ １番早く全員を運んできたグループが勝ちになります。

●あまりにも早く運び終わって、あとのお父さんが参加できない場合がありますので、あらかじめ１回で運ぶ人数を３人まで、とか決めておくといいでしょう。
●また、子どもたちの人数に合わせて、お父さんの人数も考えましょう。

子増やしリレー

1周回るごとに人を増やして走るリレーです。1チーム10人くらいがいいでしょう。親チーム・子チーム、クラス別親子混合チームなど、組み合わせを考えましょう。

遊び方

① 親子混合10人くらいで、3チームつくります。
② 「ヨーイ・ドン！」の合図で、最初の1人がかけ出します。
③ 1周したら、次に2人で走ります。
④ そして3人で、4人で、というように、1周ごとに人を増やして一緒に走っていき、最後に全員がゴールしたチームが1等賞です。

●作戦のためマラソンが得意な人が1番に走ります。1番目に走る人は、10周走ることになります。

魚すくい

漁師につかまらないように、コートの海を泳ぎましょう。

遊び方

① 校庭に幅10～13mぐらいのコートをかきます。10～15cmのスズランテープを1本用意し、両端を親が持ちます。

●交代要員として、各側に10人ぐらい待機します。

② 子どもたちは魚になって、コート（海）の中に入ります。

③ 漁師は、コートをはさんでスズランテープを持っている親２人です。初めは、地面をはうように、右へ左へゆっくり移動します。魚になった子どもたちは、動くテープを踏まないように、テープがきたらジャンプします。

●魚は逃げてはいけません。その場に立ったままで、テープにひっかかったり踏んだりしたら、失格になって、コートの外に出ます。

④ 親たちは、だんだんとテープの移動を速くしていきます。次に、テープを少し高くして、同じように移動します。

●テープの高さは、子どもがとべる膝ぐらいまでにしましょう。

●漁師はかなりハードで疲れますので、1往復したら、次の親たちと交代しましょう。

ヘビのしっぽをつかまえろ

くねくね動くなが～いヘビ。
先にしっぽをつかまれるのはどっちかな?

遊び方

① 1組5～10人ぐらいで2チームで行います。
② 1人ひとりが、前の子の腰にしっかりとつかまります。
③ それぞれのチームの一番後ろは、相手チームの1人がつきます。
④ 「ヨーイ・ドン!」の合図で、一番前の子は自分のチームのしっぽ(相手チームの子)をつかまえようとします。一番後ろの子は、つかまらないようにくねくねと逃げ回ります。
⑤ 後ろの子(しっぽ)がつかまったり、胴体が離れてしまったチームが負けです。

●負けたチームは、次のチームと交代し、同じように行います。勝ち抜き戦をして、一番のチームを決めましょう。

ごきげんよう！ また会いましょう

最後にお別れするときのあいさつ遊びです。

遊び方

① 67ページの『手遊び』をもう１度行います。

② 次に「イチ・ニのサン」と（２回拍手・３でグーとパー）、「イチ・ニのサン」と（２回拍手・３でパーとグー）。
このくりかえしをやったあとに、保育士が、
「ハイ・左手下ろして」（右手を大きく振って）
「ハイ・さようなら、また会いましょう」
（手をふりながら、おじきをして、おつかれさまでした）

ハイ
さようなら
さようなら！
さようならー
さようなら

PROFILE

立花愛子（たちばな　あいこ）
東京都立大学理学部生物学科卒業。子どもの造形教室指導、NHK教育テレビ理科番組の造形制作を経て、現在は幼児、保育士、母親向けの雑誌や児童書の科学あそびを中心とした造形制作を手がけている。書籍以外では、子ども向け科学館の展示、イベントの企画制作、ワークショップ指導。最近は「かがくあそび」をテーマにした保育士向けの講習会の講師が増えている。著書に、『作品展のアイデア集』（ひかりのくに）『ポリぶくろであそぼう』（世界文化社）『手作りおもちゃアイデア集』（チャイルド本社）『楽しい科学あそびシリーズ』（さ・え・ら書房）などがある。

佐々木伸（ささき　しん）
造形工作作家、イラストレーター。学習参考書の理科イラストや児童書、手芸関連の作品の制作、科学館の展示物の企画制作など幅広く手がけている。共著に、『テーマ別自由研究・工作シリーズ』（フレーベル館）、『おもしろ自由工作ベスト20』（主婦と生活社）、『あそべるアイデア工作』（ナツメ社）などがある。2006年よりフリーランスの編集者４人、造形作家４人でなる「築地制作所」というユニットを作り、佐々木、立花ともにメンバーとして、子どもの造形を通した遊びをテーマに書籍、イベント、テレビなど、媒体を問わず活動を展開中。

岩藤しおい（いわふじ　しおい）
立体イラストレーター。自然素材を使った子どものクラフトアイデア制作。野菜で作ったオブジェ、押し花・自然素材によるイラストでコマーシャルフォト、カレンダー、挿絵などを手がける。ライフワークは自然観察と野菜畑。著書に、押し花絵日記「やさい畑からのおくりもの」(グラフィック社)、「カンタンかわいい窓飾りを100倍楽しむ本」「海の工作図鑑」「森の工作図鑑vol.1どんぐり・まつぼっくり」「森の工作図鑑vol.2落ち葉」（以上、いかだ社）などがある。

作田忠一（さくた　ただかず）
1948年、鹿児島県奄美大島生まれ。11歳まで奄美大島で過ごし、その後、鹿児島市で育つ。鹿児島工業・工芸科を経て桑沢デザイン研究所に学ぶ。著書に『体力あそび』（ささら書房）『新・体力あそび』『年中行事とあそびのアイディア』（アド・グリーン企画出版）などがある。童画家・子どものあそび実践・パネルシアターを全国各地で講演。日本児童出版美術家連盟会員。日本幼児保育研究会。

協力●兵頭恵子（横浜・富士見幼稚園主任）

編集●内田直子　　イラスト●佐々木伸（1章作図）・藤田章子・種田瑞子・佐藤道子
ブックデザイン●リトルこうちゃん+渡辺美知子デザイン室

まるごと参観日
親子遊びと参加保育を100倍楽しむ本

2007年5月5日　第１刷発行

著　者●立花愛子・佐々木伸/岩藤しおい/作田忠一©
発行人●新沼光太郎
発行所●株式会社いかだ社
〒102-0072　東京都千代田区飯田橋2-4-10 加島ビル
Tel.03-3234-5365　Fax.03-3234-5308
振替・00130-2-572993

印刷・製本　株式会社ミツワ

乱丁・落丁の場合はお取り換えいたします。
ISBN978-4-87051-212-2